INHALT

W0191468

FRÜHLING 16

SOMMER

Katharina Stegelmann / Barbara Supp

DER WURM DRIN

Ein ehrliches Buch übers Gärtnern

Mit Illustrationen von
Patrick Rosche
und einem Nachwort von
Jakob Augstein

Ullstein

Besuchen Sie uns im Internet:
www.ullstein.de

Wir verpflichten uns zu Nachhaltigkeit

- Klimaneutrales Produkt
- Papiere aus nachhaltiger
  Waldwirtschaft und anderen
  kontrollierten Quellen
- ullstein.de/nachhaltigkeit

MIX
Papier
FSC FSC® C083411

Umwelthinweis:
Dieses Buch wurde auf chlor- und säurefreiem Papier gedruckt.

Originalausgabe im Ullstein Taschenbuch
1. Auflage März 2022

© Ullstein Buchverlage GmbH, Berlin 2022
In Kooperation mit SPIEGEL-Verlag Rudolf Augstein GmbH & Co. KG
Umschlaggestaltung: zero-media.net, München
Titelabbildungen: Illustrationen von Patrick Rosche, Wien/
Die Illustratoren, Hamburg
Gesetzt aus der Parry und Hola Bisou
Satz: Red Cape Production, Berlin
Druck und Bindearbeiten: CPI books GmbH, Leck
ISBN 978-3-548-06587-8

HERBST 144

WINTER

VORWORT

Es gibt mehrere Arten Wurm im Garten, den Wurm im Kompost und den im Apfel, den einen mag man, den anderen nicht. Wir beide, Katharina Stegelmann und Barbara Supp, beschäftigen uns damit im eigenen Garten und in einer Kolumne auf SPIEGEL.de, die so heißt wie dieses Buch. Wir schreiben abwechselnd, Sie begegnen hier also zwei Gärten, die sich unterscheiden, und die Gärtnerinnen unterscheiden sich auch.

Ich, Barbara Supp, bin Tochter eines Schrebergärtners und hätte nie gedacht, dass ich mich einmal so definieren würde, aber so ist es nun. Aufgewachsen bin ich in einer Zeit, als der Kleingärtner routinemäßig mit der Giftspritze, nein, mit »Pflanzenschutzmitteln«, durch den Kleingarten zog. Mein Vater war keine Ausnahme, damals in den frühen 1960er-Jahren, später kam er glücklicherweise davon ab.

Wir vier Kinder hatten je ein eigenes Beet, in meines säte ich Radieschen und eine Wildblumenmischung, damals schon. Am besten gefiel mir die hellblaue Gretel im Busch. Ich mochte das sehr als Kind. Später, mit sechzehn ungefähr, dann nicht mehr so.

Noch später, in meiner ersten Tübinger Wohngemeinschaft mit Garten, kam wieder die Lust auf, in der Erde zu wühlen. Erstens musste die WG gefüttert werden, zweitens setzte sich der Ökogedanke durch. Wir hatten manchmal schönen Mangold, oft traurige Tomaten mit Braunfäule und immer wieder Kopfsalate, die nach WG-Partys völlig fertig im Beet hingen, zertrampelt und leider auch mit Flüssigkeiten malträtiert. Aber das war zum Glück nicht dauernd so – manche Salate kamen durch.

Gartenarbeit – oder Garteln, wie die Österreicher sagen, ein schönes Wort – war aber nicht nur in der Praxis wichtig, sie wurde auch politisch und schien uns wie das richtige Leben im falschen. Das Garteln sorgte für etwas Grün, während um uns herum so vieles dem Grau wich, dem Beton und der Chemie. Aber dann sang die schwäbische Band Schwoißfuaß 1980 ahnungsvoll: »Und isch mal in China a Atomexplosion, denn regnet's auf euern Shit« – wir hatten im Garten keine Drogen gepflanzt, und die Atomexplosion war 1986 nicht in China, sondern in der Ukraine, aber mit allem anderen hatte die Schwabenband recht. In Tschernobyl explodierte ein Atomkraftwerk und schickte Trillionen von Becquerel in die Luft, der radioaktive Regen zog auch in unsere Richtung. Adorno, dachten wir, hatte doch recht: Das Richtige im Falschen konnte es nicht geben, jedenfalls nicht bei uns im Gemüsebeet. Ich gab das Gärtnern auf, für lange Zeit. Aber jetzt versuche ich es doch wieder.

Jetzt, vor sechs Jahren, haben wir den Garten der Schwiegereltern übernommen, rund ums Elternhaus des Mannes, der als mein »Mitgärtner« durch diese Seiten spukt.

Haus und Garten sind auf der Schwäbischen Alb, der Boden also: kalkig. Gelegentlich gibt es scharfe Fröste im Winter oder bisweilen auch im Frühling. Es sei hier »zwei Kittel kälter als in Stuttgart«, heißt es über die Region – mit der Feigenernte wird das eher nichts.

Wir rissen das kaputte Gewächshaus ab, mit dessen Hilfe die Schwiegermutter eine Sechs-Personen-Familie und Teile der Nachbarschaft versorgt hatte, mit Gurken, Paprika, Tomaten. Die sonnenwarmen Tomaten direkt vom Stock vermisst der Nachbar noch immer, sagt er.

Den Schuppen, in dem die Geräte standen, behielten wir, natürlich auch Sauzahn, Rechen, Sense, viele Werkzeuge der alten Art. Auch die Ehrungen vom Schwäbischen Albverein sind noch da und die Preise vom Kleintierzüchterverband, die sich der Schwiegervater mit den Angorakaninchen verdiente, die er pflegte, schor und schlachtete. Erst streicheln, dann essen – für die Kinder damals war dieser Umgang mit Tieren normal.

Wir übernahmen die Rosen im Vorgarten, ein paar Obstbäume und viel Rasen, denn als die Schwiegermutter alt wurde, ebneten wir ihre Kartoffel- und Erdbeerbeete ein und säten Gras. Der Rasen ist jetzt wieder auf dem Rückzug, muss Wildblumen weichen, Stauden- und Gemüsebeeten, wird mit Bäumen und Gehölz bepflanzt.

Die Schwiegermutter war immer gegen Gift, der Schwiegervater nicht so. Ich habe mir geschworen, ich halte es wie sie. Meine Mitkolumnistin sieht das ein bisschen anders. Und noch etwas: Ich hege den Wurm im Kompost und leide unter dem Wurm im Apfel, aber lieber als über den netten Wurm schreibe ich über den, der stört. Das unterscheidet uns.

Oder, Katharina?

Jein, würde ich sagen, liebe Barbara. Mit dem Gift bin ich nicht ganz so streng, das stimmt, vor allem, wenn es um Schnecken geht. Doch der böse oder trickreiche Wurm, der gibt auch mir Anlass, übers Gärtnern zu schreiben. Garteln bedeutet für mich: Lernen am lebenden Objekt, und das heißt nicht selten: scheitern. Oder feststellen, dass alles ganz anders kommt – und nicht selten trotzdem gut wird.

Aufgewachsen bin ich in der Südheide. In dem klassischen Nutzgarten meiner Eltern gab es Gemüse und Beerenobst, ein paar Blumen hier und da. Die Ernte war fester Bestandteil der Familienmahlzeiten und entlastete das Budget. Als Kind durfte ich bei Aussaat und Pflege helfen, ich durfte und musste nicht, und ich tat es sehr gern.

Nach dem Abitur zog ich in die Stadt und hatte das Landleben satt. Jahre später wohnte ich in einer Dachgeschosswohnung in Hamburg-Eimsbüttel, ohne Fahrstuhl, aber mit Dachterrasse, auf der bald große Pflanzgefäße standen. Mein Mann trug die Konsequenzen: viele Kilo Erde, viele Pflanzen hoch in den fünften Stock und dann noch die steile Treppe zur Terrasse hinauf.

Das Ende meiner Karriere als Dachgärtnerin begann mit ein paar Hornveilchen, die ich am Straßenrand pflanzte, weil ich sie loswerden wollte. Ein Jahr später begrünte ich einen harten Flecken Erde unter dem Baum vor unserer Haustür. Manche hielten mich für verrückt, viele freuen sich noch heute an dem Beet mit einer Rose in der Mitte.

Derweil sprengte das Chinaschilf die Pflanzgefäße auf der Terrasse, die Kletterhortensie drohte, das Geländer zu erwürgen. Es musste etwas passieren. Mein Mann sprach es aus: Du brauchst einen Garten.

Wir fanden unser Haus im Norden Hamburgs, fünfzehn Minuten dauert es mit der U-Bahn bis zur Binnenalster. Es liegt in einer der sogenannten Gartenstädte der Hansestadt, jedes Grundstück ist um die 500 Quadratmeter groß, jedes umsäumt von Buchenhecken.

Mein Mann und Mitbewohner hatte plötzlich sehr genaue Vorstellungen von der Gestaltung des Gartens. Es sollte ein Naturpool gebaut werden. Ich war entsetzt. Doch es nützte nichts. Der Mann blieb stur.

Die Anlage des Grundstücks wird heute vom ungefähr dreißig Quadratmeter großen Wasserbereich dominiert. Es sieht herrlich aus, und ich bin dankbar, so einen sturen und emsigen Hilfsgärtner an meiner Seite zu haben. Ein schmaler Streifen Grün neben dem Pool dürfte gern als Wildwiese wachsen, weigert sich bisher aber, denn der Boden unseres Grundstücks mit Südwestausrichtung ist vor allem eins: lehmig.

Auf der Holzterrasse stehen Pflanzgefäße, die zum Beispiel dem Rittersporn ein Asyl vor Schnecken bieten. Diverse Gehölze – Sommerflieder, Forsythie, Weigelie – schützen vor Blicken, ein alter Apfelbaum steht am hinteren Ende des

Gartens, und vor dem Haus wachsen alte Hortensien und eine prächtige Magnolie. Es gibt Giersch in rauen Mengen und trockene Schattenplätze unter den Gehölzen, die zu begrünen ich mich bemühe. Manches ist vergeblich. Aber das gehört für mich zum Schönsten am Gärtnern: Es geht immer weiter.

Weiter zu garteln, weiter scheitern zu dürfen – wir beide, Katharina Stegelmann und Barbara Supp, empfinden das als Privileg.

Wir hoffen, wir scheitern immer besser.

FRÜHLING

Im Frühneuhochdeutsch hieß er **früelinc**, das Wort ist selbsterklärend, anschaulicher als dasjenige, das ihm voranging: Lenz sagte man früher zum Frühling und sagt es manchmal immer noch. Zeit des Wachsens, Blühens, Aufbrechens, seien es Blüten, seien es verkrustete, verknorzte Sitten. Arabischer Frühling, Prager Frühling heißt es dann, und immer hofft man, dass der Frost nicht die Blüten holt. Frühling ist Grün, ist Hoffnung, spät im Leben glaubte mein Vater im Winter nicht mehr recht dran, dass der Frühling kommen würde, aber dann kam er, mein Vater sah ihn nicht mehr gut, aber er spürte ihn. »Man möchte zum Marienkäfer werden, um in dem Meer der Wohlgerüche herumzuschweben«, das stammt von Johann Wolfgang von Goethe. Mein Vater hätte es nicht so gesagt, aber so sah er es auch.

IM FRÜHLING,

davon sei in diesem Kapitel erzählt, wächst im Garten der Drang, an jedem Halm zu ziehen, an jeder Wildwiesenblüte, an jeder Blattspitze im Buchenbaum, wachs doch, blüh doch endlich, denkt man, und dann tun sie's schließlich. Die nackte Erde will bedeckt sein, mit Kompost und mit Bodendeckern, mit allem, was man im Gartencenter so findet, das übrigens ein gefährlicher Ort sein kann. Es ist eine Zeit der Herausforderungen, nicht nur im Rosenbeet muss mutig geschnitten werden, und manchmal fließt dabei Blut. Kampfgeist kommt auf, wenn allüberall eine Pflanze wächst, die man zum Feind erklärt hat. An der Seite von Lieblingsgärtnern und Lieblingsgärtnerinnen lässt sich Gelassenheit lernen, die auch über Trennungen hinweghelfen kann: von einem störenden Baum mit vagabundierenden Wurzeln oder von einem Traum – dem von der eigenen Orangerie.

DIE NATUR SCHLÄGT ZURÜCK
Und manchmal fließt Blut

Mein Mitgärtner war beim Heckenschneiden, dann kam er ins Zimmer und sagte: »Äh, haben wir eigentlich Jod?« In seiner Hose am Schenkel war ein Loch, im Schenkel auch. Ja, wir hatten Jod, abgelaufen im Jahr 2001. Die elektrische Heckenschere, 4.000 Schnitte pro Minute, war deutlich neuer.

Als er letztes Jahr vom Kirschbaum fiel, war er mit der Motorsäge am Werk, die Motorsäge hatte dankenswerterweise eine Abschaltautomatik und lief nicht weiter, als der Mitgärtner mit einem Bein eingeklemmt kopfunter in der Leiter hing, ich musste ihn befreien. Es war ein alter Kirschbaum, die ofenrohrdicken Äste waren morscher, als wir gedacht hatten.

In den sechs Jahren, die wir den Garten jetzt haben, ist mein Mitgärtner zweimal vom Kirschbaum gefallen, einmal vom Birnbaum, ich hole mir regelmäßig Zecken, von Kratzern, Spreißeln, blutigen Quetschwunden sollte man gar nicht erst reden. Neulich wollte ich mit der wunderbaren neuen scharfen Gartenschere einen kleinen Sanddorn zurechtstutzen und stutzte den linken kleinen Finger mit. Ich kam in die Notaufnahme. Man musste nähen.

Gärtnern ist gefährlich, die Natur schlägt gern zurück, Maschinen auch. Mein Mitgärtner weiß das, er hat früher viel beim Onkel auf dem Bauernhof gearbeitet. Er hat Erfahrung in Selbstverstümmelung.

Er stand als Sechsjähriger auf dem Kartoffelwagen, großkotzig, ohne sich festzuhalten. Der Wagen wurde damals noch von einem Pferd gezogen, einem Haflinger, klein, aber widerborstig, der lief plötzlich los. Der Mitgärtner steckte mit dem Kopf im Blecheimer, oder eher im Rand vom Blecheimer, die Narbe am Nasenrücken kann man heute noch sehen.

Zwei, drei Jahre später, beim Säen, ging derselbe Gaul mit ihm durch und zerlegte die Sämaschine. Diesmal blieb der Bub unverletzt, traute sich aber nicht nach Hause, weil: Schuld war er sowieso. Noch ein paar Jahre später fiel er vom Bulldog in die Pflugschar, beim Pflügen, und steckte mit dem linken Oberschenkel im messerscharfen Gerät. Er kam ins Krankenhaus. Auch davon blieb eine Narbe, circa 12 Zentimeter lang, die man noch gut sieht.

Gartenarbeit geht wie Landwirtschaft davon aus, dass Pflanze, Tier und Werkzeug beherrschbar seien, aber das ist nicht immer so.

Mein Mitgärtner mag Maschinen. Er denkt über einen Hochentaster nach, einen was? Einen Hoch-ent-aster. Damit kann man in großer Höhe Äste schneiden, ohne auf die Leiter zu müssen. Aber wie schwer ist so ein Ding? Ich sehe ihn schon auf dem Rücken liegen und zappeln wie einen Käfer. Ich denke an seine Vorerfahrung, ich zweifle. Jetzt im Frühjahr redet er auch beunruhigend oft über einen Hochdruckreiniger, einen Kärcher. Ich will das nicht. Ich muss immer an den französischen Ex-Präsidenten Sarkozy denken und seinen Säuberungswahn, er wollte ja einst mit dem Kärcher durch die Vorstädte ziehen.

Der Nachbar übrigens hat so ziemlich alle Maschinen, die ein Mensch im Eigenheim jemals brauchen könnte. Vielleicht kann der Mitgärtner sie dort leihen. Es ist ein Nachbar, dem die Maschinen aufs Wort gehorchen. So wirkt er jedenfalls.

Als die Nachbarin, die das Leben mit dem Nachbarn und seinen Maschinen teilt, vom Heckenschneiden und vom Loch im Schenkel hörte, sagte sie – das ist jetzt der Nutzwert dieser Kolumne: »Es gibt Schnittschutzhosen.« Die Maschine stoppt, wenn sie eine solche Hose berührt.

Das könnte ein Geburtstagsgeschenk sein. Oder vielleicht – heult da draußen nicht schon wieder die Maschine? – etwas für sofort. **BS**

MUTPROBE
Der erste Rosenschnitt ist der schwerste

Eine Rose ist eine Rose ist eine Rose: Philosophisch gesehen, stimmt der Satz möglicherweise, botanisch ist er definitiv Unsinn. Je nach Anschauung gibt es bis zu 250 Arten, es gibt Wild- und Kulturrosen, Kletter-, Beet-, Strauch-, Edel- oder Zwergrosen. Jede anders in Form, Farbe und Duft.

Das wichtigste Kriterium bei der Auswahl für die Rosen in meinem Garten war die Farbe: Ich stellte mir eine luftige, frische Blütenpracht in Orange, Gelb und Weiß vor. Die Rosen sollten außerdem duften, gut winterhart sein und hohe Blattgesundheit aufweisen. Nach heutigem Stand war meine Wahl nicht schlecht: Von zehn Pflanzen haben neun überlebt, die meisten blühen auch üppig – und wachsen wie verrückt.

Und natürlich wachsen sie, wohin sie wollen. Im ersten Jahr habe ich sie so gut wie gar nicht beschnitten, dann immer nur sehr zaghaft, offenbar auch noch an den falschen Stellen. Das Ergebnis: Sie sind staksig, an der Basis zum Teil verholzt und kahl.

Mein Vater hat ein Mantra zum Rosenschnitt: Das dritte Auge über der Veredelungsstelle muss stehen bleiben, der Rest weg. Ich brachte das nie über mich. Ich hatte Angst, sie womöglich zu zerstören. Dass die Exemplare im Garten meiner Eltern bestimmt 20 Jahre alt sind und immer noch Jahr für Jahr wunderbar blühen, reichte nicht, mich zu überzeugen.

Es gibt die Theorie, dass man das gendern kann: Männer schneiden eher viel, Frauen meist viel zu wenig. Marieke Schulz-Gerlach, 42, passt in dieses Muster allerdings nicht hinein. Sie ist seit April 2012 »Revierleiterin Mitte« für den Bezirk Nord in Hamburg, als solche ist sie unter anderem für die Instandhaltung des Stadtparks verantwortlich. Allein in den vier je 1.000 Quadratmeter großen Rosengärten des Parks wachsen ungefähr 5.000 Rosen aller Art.

Schulz-Gerlach schneidet mit großer Beherztheit und in einem Tempo, dass einem schwindelig wird – sie hat schlicht keine Zeit, bei jeder Pflanze Augen zu zählen. Außerdem: »Drei, fünf oder sieben Augen sind nicht entscheidend«, sagt sie, »und auch nur für Beetrosen als Hinweis brauchbar.«

Zum Selberschneiden kommt die Ingenieurin für Landschaftsbau und Freiraumplanung eher selten. Das übernehmen die Mitarbeiter. Aber wenn Schulz-Gerlach zur Schere greift, dann fackelt sie nicht lange. »Das wichtigste ist, dass man weiß, warum man schneidet.« Sie weiß es ganz genau: »Ich will verjüngen.«

Ich habe gelesen, dass man Kletterrosen so gut wie gar nicht schneiden soll. Das stimmt nicht, sagt die Fachfrau: »Alle fünf Jahre kann auch die Kletterrose einen Schnitt zur Verjüngung vertragen.« In den Jahren dazwischen genüge es aber, sich auf optische und praktische Bedürfnisse zu beschränken. Wenn lange Zweige den Weg versperren, können die einfach weg.

In der Obeliskenform soll Ordnung herrschen, ohne Schnitt gäbe es ein riesiges Durcheinander, die Pflanze wäre struppig, und mit der Zeit verlören die Rosen – trotz Düngung – ihre Blühfreude. Anders als beim Haareschneiden, regt das Kürzen der Triebe das Wachstum an. Weil Rosen nur am neuen Holz blühen, ist das auch gut für die Blüte. »Nur wenn Sie schneiden, kann die Rose wieder blühen, der Schnitt verschafft ihr Vitalität, zu viel kann man nicht abschneiden«, sagt Schulz-Gerlach.

Ansonsten wird jede Rose anders beschnitten: Die Strauchrosen sollen buschig wachsen, die Edelrose hat nur eine Blüte pro Stengel, die Beetrose sieht schöner aus, wenn sie auch in den unteren Etagen Blüten trägt und nicht zu stark verholzte Stängel hat, daher muss sie unten geschnitten werden.

Die Rosen im Stadtpark dürfen nicht gespritzt werden, wie alle Pflanzen im öffentlichen Raum Deutschlands. Das bedeutet, die Exemplare, die sich als krankheitsanfällig erweisen, werden gnadenlos beseitigt. Schulz-Gerlach achtet bei der Auswahl neuer Pflanzen darauf, ADR-zertifizierte Rosen zu kaufen.

Auch im Privatgarten sollte man auf Spritzmittel verzichten; hat eine Pflanze zum Beispiel Rost entwickelt, muss man darauf achten, dass sie die anderen nicht ansteckt. Um das zu verhindern, schneidet man alle befallenen Blätter ab, auch ein Radikalschnitt kann ratsam sein.

Der alljährliche Rosenschnitt soll im Frühjahr gemacht werden, danach darf kein starker Frost mehr kommen.

Wenn die Forsythien sich anschicken zu blühen, ist die beste Zeit, das sagt auch die Expertin im Stadtpark. Im Herbst kann man schon einen leichten Blütenrückschnitt machen, dann sieht alles etwas ordentlicher aus – allerdings verzichtet man damit auch auf die hübschen Hagebutten.

Meine leicht vermurksten Strauch- und Beetrosen haben schon ziemlich viele Blätter gebildet, weil der Winter so mild war. Sie sehen so lebendig aus, voll im Saft. Aber ich reiße mich zusammen, denke an die Fachfrau und schneide mutig drauflos. Und morgen schaffe ich vielleicht noch ein paar Zentimeter mehr. **KS**

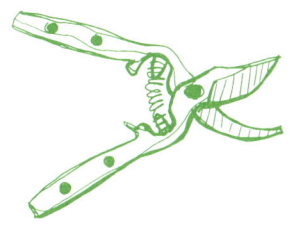

KOMPOSTFRAGEN
Wichtig ist, was hinten rauskommt

Mein Vater, der Schrebergärtner, nahm beim Spazierengehen manchmal Tüte und Schaufel mit, ich wusste, was er vorhatte, und schämte mich. Neulich zog ich los mit Tüte und Schaufel und tat es selbst. Ich machte mich auf den Weg zum Reiterhof, immer mit dem Blick nach unten, und fand etwas. Rossbollen. Braun, einigermaßen frisch, das Tier hatte, wenn ich es richtig interpretierte, viel Heu gefressen. Eine halbe Tüte schaufelte ich voll, dachte an meinen Vater und sagte zu einer Frau, die hoch zu Pferd den Weg entlangkam: »Ich hätte nie gedacht, dass ich so etwas mal mache.«

Sie sagte: »Für seine Blumen tut man alles.«

Ich fürchte, sie hat recht.

Man legt einen Komposthaufen an und freut sich über jeden Gemüseabfall und überlegt lange, ob zum Beispiel Eierschalen auf den Kompost dürfen. Mein Mitgärtner sagt Ja. Ich sage Nein. Es dauert zu lange, bis sie verrottet sind. Und es kann sein, dass die Ratte kommt, weil sie Eier mag.

Die Fachdiskussion: uneinheitlich. Von Ratten ist nicht viel die Rede, aber von anderen Lebewesen. Salmonellengefahr!, schreien die einen. Die anderen: Ja, theoretisch. Hypothetisch. Aber sie ist winzig klein. Eierschalen sind gut bei saurem Boden, sagen diese anderen auch. Wir haben viel Kalk, keinen sauren Boden, also ist die Sache geklärt.

Ich setze den Kompost zweimal im Jahr um und füttere ihn wie ein Haustier. Behauptet mein Mitgärtner jedenfalls. Ich stelle sozusagen Menüs zusammen, erst ein bisschen Vertrocknetes, dann frischen Grünschnitt, dann Kaffeesatz vom Morgen, etwas Obstschale, dann wieder kleine Stöcke und Äste dazwischen, die kommen automatisch vom Weidenbaum, der seine Äste darüber schwingt. Und dann manchmal besondere Liebesgaben: Reste vom Sauerteig, wegen der Mikroben. Oder die Pilze neulich. Der Mitgärtner war im Wald, allein, und brachte viel Falsches, das auf dem Kompost landete. Jetzt tanzen dort die Schnecken Tango, Pilze mögen sie offenbar sehr. Meinetwegen, denke ich, lieber tanzen sie dort als auf den kleinen, zarten, jungen Zucchini.

Für die Zucchini brauche ich reifen Kompost und deshalb Pferdeäpfel. Mit den Pferdeäpfeln hat mein Mitgärtner, nun ja, Probleme. Man kann es auch so sagen: Er lacht mich aus.

Das Pferd, finde ich, hat aus Gärtnersicht einiges gemeinsam mit dem Wurm: Wichtig ist jeweils, was hinten rauskommt. Der Wurm soll es schön haben bei mir, sich fröhlich durch den Kompost bewegen und bröckeliges Zeug fressen, das er hinten als Humus von sich gibt. Deshalb die Rossbollen.

Aber auch da, ich habe nachgeschaut, ist die Fachdiskussion nicht einig. Möhrenfliegen! Zwiebelfliegen! Pferdemist sei eine Brutstätte dafür!

Ich werde es trotzdem probieren, denn ich bin in Not. Ich brauche dringend reifen Kompost, und der, der mich auslacht, ist daran schuld.

Er kam neulich auf die Idee: Da sei dieser Kiesstreifen im Garten, er gefalle ihm nicht. Er wolle dort Wildblumen. Er habe Samen gekauft. Schön, sagte ich und war bei der Aussaat nicht dabei. Ich kam zurück und blickte weinend auf das, was einmal mein Kompost war. Er hatte alles, wirklich alles geholt und auf dem ehemaligen Kiesweg ausgebracht. Mein kostbarer Kompost! Für Wildblumen! Für Kornblumen! Bocksbart! Hornklee! Lichtnelken! Die alles andere gewohnt sind, nur nicht fetten Kompost!

Also: Pferdeäpfel her. Ich weiß inzwischen genau, wo die Pferde äpfeln, immer in der zweiten Kurve, vom Reiterhof aus gesehen, und weiß auch, wann sie das tun: vor allem samstags, da haben die Leute Zeit für den Ausritt, und das Pferd kommt raus. Schäme ich mich? Ein bisschen. Lache ich über mich? Sehr. **BS**

WAS DIE WILDBIENE WILL
Gras ohne Maniküre

Die erste Sommerwiese, an die ich mich erinnere, war so hoch, dass ich mich darin verstecken konnte. Gräser und Blumen reichten mir bis über die Taille, manche bis an die Ohren. Ich war fünf Jahre alt. Wenn ich mich hinhockte, wurde ich unsichtbar. Es duftete, es zirpte und summte. Golden gesprenkelt, rot getupft, hier und da ein blauer Punkt – es war eine Welt für sich.

Solche wilden Wiesen sind selten geworden. Das ist nicht nur für Kinder ein Verlust, sondern auch für Tiere wie Wildbienen, Schmetterlinge, Hummeln – alles unverzichtbare Geschöpfe, um den Kreislauf der Natur aufrechtzuerhalten. Der Rückgang des Insektenbestands alarmiert Naturschützer weltweit. Aber man kann etwas dagegen tun, auch als Einzelner. Im Großen, wie die bayerischen Bürger, die sich mit einem Volksbegehren zur Artenvielfalt durchsetzten.

Oder im Kleinen, indem man dafür sorgt, dass Insekten Nahrung finden – und im Garten das anpflanzt, was sie gern mögen: Wildblumen und -kräuter, wie sie früher auf Wiesen gediehen. Wiesenmargerite, Wiesenglockenblume, Wiesenklee, aber auch Spitzwegerich, Hornklee und die Acker-Witwenblume gehören dazu.

Der britische Biologe und Hummelexperte Dave Goulson behauptet gar, Gärtnern könne die Welt retten. Vielleicht ist es nicht gleich die ganze Welt, aber folgt man Goulson, doch ein erheblicher Teil davon: eben die bedrohten heimischen Pflanzen und Insekten und damit auch die vielen Vögel, Igel, Maulwürfe, die allesamt auf Insekten als Nahrungsquelle angewiesen sind.

Goulsons Rezept klingt ganz einfach und einleuchtend: Pestizide weglassen, etwas weniger ordentlich sein im Garten, allzu exotische Pflanzen meiden. Dann bietet der heimische Garten den so bedeutsamen Kreaturen, vom Regenwurm bis zum Schmetterling, wieder ein Zuhause.

Bei der Gestaltung unseres Gartens hatte ich fast freie Hand. Mein Mann wusste nur, was er nicht wollte: Rasen. Eine gepflegte Rasenfläche stellt für ihn den blanken Horror dar, eine ästhetische Katastrophe, spießig zudem, ganz schlimm, schlimmer sind eigentlich nur noch getrimmte Buchsbäume.

Ich konnte ihn beruhigen. Auch ich bin kein Fan von solch streng manikürter Natur. Man muss ein Vermögen in die Anlage, Pflege und den Erhalt so eines Rasens investieren, damit sich kein Gänseblümchen, geschweige denn ein Löwenzahn darauf findet, von Moosen gar nicht zu reden. Oft geht das nur mit chemischen Mitteln zur Ausrottung von Kraut aller Art. Für Bienen, Hummeln, Schmetterlinge ist dieses Grün gänzlich nutzlos, weil es hier eben nichts gibt – außer beschnittenem Grün.

Die Lösung schien ganz einfach: eine Blühwiese. Ab Mai stehen in einem Teil unseres Gartens kniehohe Gräser, ein paar Wildblumen und – so die Saat aufgeht – Mohnblumen. Letztere weigern sich allerdings recht beharrlich; der schwere lehmige Boden gefällt ihnen nicht. Wir haben inzwischen schon einige Eimer Sand verteilt und eingeharkt, um den Boden abzumagern. Das Projekt Blühwiese ist noch nicht abgeschlossen.

Die kleine Wildwiese erfüllt nicht nur nostalgische Bedürfnisse. Sie ist auch hübsch anzuschauen und außerdem extrem pflegeleicht. Statt einmal die Woche mäht man nur ein- oder zweimal im Jahr. Sie darf nicht gedüngt werden, und wenn die Gräser und Blumen eine gewisse Größe erreicht haben (so 20 Zentimeter meiner Erfahrung nach), sind sie recht trockentolerant, es muss also nicht gewässert werden.

Mittlerweile achte ich bei der Auswahl aller Pflanzen darauf, ob sie als Bienenfutter taugen. Ein paar Beete und Pflanzgefäße sind ja auch noch zu bespielen. Ich liebe zum Beispiel Ringelblumen. Seit ich erfahren habe, dass nur die ungefüllten, ursprünglichen Sorten von Insekten angesteuert werden, säe ich nur noch diese aus. Manche gefüllten Hybridsorten sehen zwar interessant aus, doch für die Tiere sind sie nutzlos. Im Übrigen passen die schlichteren Arten besser zum Rest des Gartens, der wenig Chichi beinhaltet.

Dabei harmoniert der Anspruch des Naturschutzprofis, möglichst viel heimisches Grünzeug zu fördern, mit meinem Pragmatismus und Sinn für Ästhetik: Eine Staude, die seit Jahrtausenden in Norddeutschland überlebt hat, ist widerstandsfähiger als ein Zitrusgewächs, das aus dem Mittelmeerraum stammt. Heimische Pflanzen kommen zwar nicht ohne Pflege aus, aber der Aufwand ist überschaubarer.

Mit dem Label »bienenfreundlich« werden immer mehr Pflanzen in Gartencentern versehen. Zu meinem Schrecken musste ich beim Insektenforscher Goulson lesen, dass das nicht immer zutreffend ist. Ein Lavendel zum Beispiel produziert zwar viel Nektar und erfreut sich deswegen großer Beliebtheit bei Bienen und Co., aber wenn die Pflanze in der Anzucht mit Pestiziden behandelt wurde, ist sie mitnichten »bienenfreundlich«, im Gegenteil: Die Gifte bleiben lange gespeichert und belasten über die Nektaraufnahme das hungrige Insekt. Da hilft es nur, beim Kauf gezielt nachzufragen – oder die Pflanzen aus Samen selbst zu ziehen. Das ist mühsam, aber möglich.

Dass Gärtnern gesund und glücklich macht, ist bekannt. Die frische Luft, die Bewegung – Gartenarbeit wird als Gesundheitstraining von Krankenkassen empfohlen. Studien belegen, dass Menschen mit Gärten, in denen sie sich auch betätigen, länger leben als solche ohne.

Und jetzt darf man sich auch noch als besserer Mensch fühlen, wenn man seinen Garten naturnah gestaltet. Herrlich. Gutes zu tun – das macht ja auch glücklich. Aber ganz ehrlich: So hoch sind meine Ansprüche gar nicht. Mein Gartenglück ist viel kleiner, egoistischer. Meine Freude rührt zum Beispiel daher, dass ich vollkommen selbstbestimmt wirken kann. Ich bestimme, welche Farben das Bild dominieren sollen, welche Pflanzen wo stehen.

Zumindest versuche ich das. In Wahrheit macht die Natur ja, was sie will. Und ich schaue ihr gerne dabei zu.

KS

NIMM DAS, DU WURZEL
Feindbild Löwenzahn

Es geht wieder los. Der Mitgärtner hat diesen flackernden Blick, mit dem er durch den Garten schweift, es wird noch schlimmer werden, wenn die gelbe Phase kommt: wenn der Löwenzahn blüht.

Ich kenne es bei ihm besonders vom ersten Corona-Frühjahr, ich glaube, er agiert da stellvertretend etwas aus: Da! Nimm das! Ich hab dich! Hat er aber nicht. Jedenfalls nicht ganz. Das ist ja das Unangenehme am Löwenzahn: Wo man hinkommt, ist er schon da und schlägt Wurzeln und sendet Dinge in die Welt, ein Karl Lauterbach des Gartens, aber bleiben wir botanisch.

Also: Beim Löwenzahn sind die Wurzeln an die 40 Zentimeter tief, und aus jedem Stückchen kann, wenn man Pech hat, ein neuer Löwenzahn werden. Nein, es kann nicht werden, es wird, jedenfalls bei uns im Garten. »Wegen einer langen, tief reichenden Pfahlwurzel sehr widerspenstig«, steht in einem meiner Gartenbücher. Er kommt in meinem Buch mit 478 Seiten auf einer einzigen Seite vor; das finde ich unangemessen. Er müsste auf jeder dritten Seite sein. »Wurzel mit einem alten Messer, Hohlmesser oder der Pflanzenschaufel möglichst vollständig entfernen«, das ist die Empfehlung. Das sagen die so. Der Löwenzahn hat den Trick raus, sich an Kanten oder zwischen Wegsteinen in die Erde zu bohren. »Vollständig entfernen«. Ha.

Deswegen wird er verabscheut, von vielen. Eine Bekannte vom anderen Ende des Dorfes erzählte neulich, ihr Mann habe mit dem Aufsitzmäher den Rasen gemäht. Es flogen Löwenzahnschirmchen rüber zu ihrer Nachbarin. Die Nachbarin holte die Polizei. Wegen des Löwenzahns. Die Polizei kam auch, klingelte bei der Bekannten, wusste aber nicht so recht, was sie sagen sollte.

Es hat ja, ommmm, alles irgendwie seine Berechtigung, die derzeitige Gartenphilosophie setzt eher auf friedliche Koexistenz, anders als die Nachbarin der Bekannten. Also prüfe ich ab und zu, was mit Pflanzen, die ich als unangenehm empfinde, angestellt werden kann.

Vor einiger Zeit war ich in Vorpommern, es ging im Gespräch mit einem Regionalpolitiker um die Zukunft der Region, der Regionalpolitiker erzählte von interessanten Plänen: Man wolle Löwenzahn erst versuchsweise und dann vielleicht gewerbsmäßig anbauen und eine Art Kautschuk aus dem weißen zähen Saft gewinnen. Für Autoreifen, vielleicht auch für Spielzeug oder Kondome. Ich stellte mir eine Monokultur Löwenzahn vor und mir selbst eine Frage, die sich die Forscher vielleicht nicht als vordringlichste stellen, ich mir aber schon: Was ist mit den Gärtnern drum herum? Luftabwehrmaßnahmen? Der Versuch läuft noch, habe ich gelesen. Ich frage mich, wohin.

Taraxacum officinale heißt der Löwenzahn auf Lateinisch, »officinale« ist eine Adelung und bedeutet »für medizinische Zwecke geeignet«, welche also? »Pissenlit« nennt ihn der Franzose, »Bettseicherle« der Schwabe, beide meinen dasselbe, es macht die Pflanze nicht sympathischer.

Er könne beim Abnehmen helfen, munter machen, würzen, heißt es. Und gegen Appetitlosigkeit (habe ich nicht), Frühjahrsmüdigkeit (nein) und gegen andere, viel hässlichere Dinge helfen, die ich hier jetzt nicht erwähnen will.

Löwenzahnsuppe wird empfohlen (man füge Lauch, Tomaten, Karotten hinzu – also geht es auch ohne Löwenzahn), trinkbar sei auch Kaffee aus Löwenzahnwurzeln, wenn die Verzweiflung groß ist. Löwenzahnbutter empfiehlt meine Schwester: weiche Butter mit Löwenzahnblütenblättern verkneten, Salz dazu, ein paar Veilchenblüten, wenn man mag, dann kühlen. Geht auch in süß und ist gar nicht schlecht.

Neulich, erzählte meine Schwester, stand sie auf einer Wiese und holte ihr Mittagessen – Löwenzahnblätter für den Salat. Ein paar Meter weiter standen die Störche und holten ihr Mittagessen – Würmer, Schnecken und Frösche. Da bin ich schon eher auf der Seite meiner Schwester. Aber wenn ich Salat mit Löwenzahn serviere, mault der Mitgärtner. Zu bitter.

Der Mitgärtner sagt neuerdings manchmal Sätze wie: Man müsse den Löwenzahn akzeptieren, und wenn er so etwas sagt, mache ich mir Sorgen, denn der Yoga-Typ ist er eher nicht. Dann redet er plötzlich über John Lennon, er hat gerade einen Film über ihn gesehen. Lennon sagte: Intellektuell sei er mit dem besitzorientierten Beziehungssystem nicht einverstanden. Aber dann, im Konkreten, habe er mit Yoko zu tun und liebe sie, da entdecke er in sich den Wunsch, sie zu besitzen, also nicht einzusperren, aber zu besitzen.

So ähnlich, meinte der Mitgärtner, sei es mit ihm und dem Löwenzahn.

Bitte?

Na ja, intellektuell gesehen sei er gelassen, dem konkreten Löwenzahn gegenüber sei er es dann aber doch nicht. Er hat sich ein spezielles Gartengerät gekauft, man bohrt es in die Erde, holt die Löwenzahnwurzel heraus, streift die Erde ab, so stellte sich das in Verkaufsgesprächen dar. Aber es ist nicht so.

Ich habe jetzt doch noch einen Vorschlag gefunden, der ihn vielleicht interessieren könnte: Löwenzahnwein. Es klingt ein bisschen nach alten Damen bei Agatha Christie. Das weiß er aber nicht, weil er Agatha Christie nicht liest.

BS

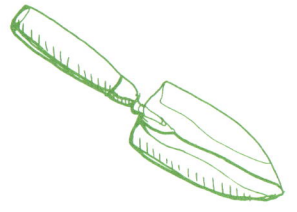

NIE WIEDER NACKT

Glücklich mit Bodendeckern

Ein Garten soll grün und üppig sein, voller Blumen, Sträucher, Bäume. In Wahrheit gibt es da aber immer den Platz zwischen den Pflanzen; besonders im Frühjahr ist der kahle Boden gut sichtbar. Was tun mit den oft trockenen, dunklen, harten Stellen am Rande der Gehölze, unter Bäumen oder zwischen hohen Stauden? Lohnt sich das Beackern der manchmal schwierigen Bereiche? Die Antwort: Ja, auf jeden Fall, denn bodenbedeckende Pflanzung ist nicht nur eine Frage der Ästhetik. Für Fachleute ist sie sogar eine ökologische Notwendigkeit.

Die wichtigste Aufgabe von Bodendeckern ist es, Erosion zu verhindern, erklärt mir die Landschaftsbauingenieurin Marieke Schulz-Gerlach, die für den Erhalt und die Pflege des Hamburger Stadtparks verantwortlich ist. Wenn Regen auf ungeschützte Erde prasselt, wird sie weggespritzt. Wurzeln geben Halt und sorgen gleichzeitig für die Durchlüftung des Bodens und damit für ein gutes Klima, in dem sich Kleinstlebewesen wohlfühlen. Außerdem sorgen die Bodendecker für Schatten, die Erde trocknet nicht so leicht aus; und die Blüten bieten Insekten Nahrung. Diese Funktionen erfüllen im Prinzip sehr viele Pflanzen – im Gegensatz zu Kies- oder Schotterflächen, die ökologisch gesehen eine Katastrophe sind: Der Boden wird verdichtet, ausgetrocknet, geradezu abgetötet, sagt Schulz-Gerlach.

Als ich vor fünfeinhalb Jahren anfing, unseren Garten zu erobern, dominierte als bodendeckende Pflanze eindeutig der Giersch. Er breitete sich als Teppich unter den Gehölzen am Grundstücksrand aus, er wucherte auf den Beeten, er kroch in die Wiese. Was Giersch eben so macht. Als ich gegenüber meiner Mutter klagte, wie viel von dem Zeug in unserem Garten wächst, versuchte sie mich zu trösten: »Den kannst du essen.« Stimmt nicht, so viel Giersch könnte selbst eine zwölfköpfige Familie nicht vertilgen.

Warum reiße ich manches Kraut heraus? Weil ich selbst bestimmen möchte, welche Pflanzen in meinem Garten wachsen – wenigstens teilweise. Und die, die ich mir ausgesucht habe, möchte ich auch sehen können. Um beim Giersch zu bleiben: Der ist gar nicht hässlich, aber wenn er überall wächst, bleibt für die anderen Gartenbewohnerinnen schlicht kein Raum. Er ist nämlich das, was im Fachjargon »konkurrenzstark« heißt: Zartere Charaktere werden gnadenlos verdrängt.

Umgekehrt gilt das auch: Dem Wildwuchs unerwünschter Pflanzen können andere Pflanzen entgegenwirken. Wenn also ein Flecken zwischen den großen Stauden einigermaßen freigezupft ist von Giersch, Quecke und Co., empfiehlt es sich, dort etwas Flaches zu pflanzen, das man attraktiv findet, damit das ungeliebte Grünzeug wegbleibt. Dass das den Halt für den Boden fördert, ist ein zusätzliches Plus.

Bis zu meinem Gespräch mit der Gartenfachfrau vom Stadtpark dachte ich, Bodendecker seien Pflanzen, die nicht höher als 20 Zentimeter wachsen und sich vorwiegend über Ausläufer ausbreiten. Stimmt nicht. »Bodendecker« ist keine botanische Kategorie. Es sind Gewächse, die, nun ja, den Boden bedecken und so den Auswuchs anderer Pflanzen einschränken; meist werden Stauden verwendet, manche davon immergrün wie Dickmännchen oder Vinca minor. Aber auch eine Rose kann bodendeckend wachsen, wenn sie entsprechend behandelt wird. Ohne Rückschnitt wächst sie je nach Sorte bis zu zwei Meter hoch. Womit wir bei dem heiklen Begriff »pflegeleicht« sind.

Ein pflegeleichter Garten gilt vielen (Hobby-)Gärtnern als verdammenswert, frevelhaft, als Widerspruch in sich. Richtig ist: Ohne Pflege gibt es gar keinen Garten. Aber es gibt natürlich Gewächse, die mehr Zuwendung bedürfen als andere. Schulz-Gerlach, die die Verantwortung für mehrere Tausend Quadratmeter Land trägt, blickt anders auf diese Frage als jemand, der nur 150 Quadratmeter bespielt und viel Zeit hat. Mein kleiner Garten gibt mir reichlich zu tun, eine Fläche mit anspruchsloser Katzenminze finde ich da sehr entspannend.

Bei der Auswahl der Bodendecker ist der geplante Pflanzort entscheidend. Sollen sie in der Sonne oder im Schatten wachsen? Trockenresistenz ist an den meisten Standorten wichtig, in Zeiten des Klimawandels ohnehin.

Sehr dankbar und attraktiv – und, ja, pflegeleicht! – finde ich Walderdbeeren. Die wuchern gut auch an schattigeren

Plätzen, stören weder Rosen noch andere große Stauden, sie blühen hübsch, und dann schenken sie auch noch ein paar Früchte. Sie sind nach meiner Erfahrung trockentolerant und nicht schädlingsanfällig. Wenn sie mir zu viel werden, reiße ich sie einfach raus. An den vollsonnigen Standorten stehen bei mir Felberich (Vorsicht, den wird man schwer wieder los), Storchschnabel oder Katzenminze, die allesamt wunderbar blühen.

Und dann wäre da noch der Giersch. Ich bin schließlich eine Art Deal mit dem Wucherkraut eingegangen: Etwas Territorium billige ich ihm jedes Jahr zu, doch manche Stellen bleiben tabu. Dort gehe ich im Frühjahr in die Knie und versuche, das Wachstumswunder aus der Familie der Doldenblütler mittels mühevoller Handarbeit zu eliminieren. Es entsteht mein ganz persönlicher Giersch-Horizont, der bis zum Spätsommer unter halbwegs strenger Beobachtung steht.

Im nächsten Jahr geht alles wieder von vorn los, denn natürlich hält sich das Grünzeug an keinen Deal. Es wächst. Es ist ein kleiner Selbstbetrug, ich weiß, hilft aber trotzdem: Die bewusste Entscheidung, etwas Wildwuchs zuzulassen, gibt mir die Illusion, die Kontrolle zu haben. Ein bisschen jedenfalls. **KS**

BITTE EINE PFLANZE MIT A!
Ordnungsversuche und deren Scheitern

Einer der gefährlichsten Orte für Radfahrer und Fußgänger ist ja der Parkplatz am Gartencenter, so viele sitzen da am Steuer und sind im Kopf schon bei den Hornveilchen oder den Petunien oder den Kohlrabi-Setzlingen, die sie kaufen werden. Sie denken nicht daran, beim Ein- und Ausparken nach hinten und zur Seite zu sehen, ob da jemand kommt. Oder sie können es nicht mehr.

Ja, auch zur Corona-Zeit war das so. Ich verstehe nicht ganz, warum hier im Südwesten der Republik die Gartencenter gleich wieder geöffnet und die Buchhandlungen geschlossen waren; vielleicht hatte man Angst vor einem Rentneraufstand in Schwaben. Andererseits, als ich plötzlich Radieschensamen brauchte und mich am Gartencenter wiederfand, war es irgendwie tröstlich, mitten in der Pandemie einen nicht mehr ganz jungen Mann im Heavy-Metal-T-Shirt zu sehen, der in großer Ruhe einen Einkaufswagen mit drei Säcken Rindenmulch zu seinem Auto schob. Es war, als änderten sich manche Dinge nicht. Als wäre manches noch normal. Rentner brauchen Mulch, so war das immer, so wird es immer sein.

Ich wollte jetzt mehr als Radieschensamen, viel mehr. Zu den Konstanten in meinem Leben gehört, dass ich den Einkaufswagen im Gartencenter mit Pflanzen fülle (in Plastiktöpfen! Plastik! Immer noch: Plastik, und keine Rede davon, dass es Recyclingplastik wäre!), die ich dann irgendwo einpflanze. Und prompt vergesse, was es war. Manches geht ein. Vieles geht ein.

Ich wünsche mir mehr Systematik, in meinem Garten und auch in meinem Gartencenter. Dort auf den Verkaufstischen sortiert man alphabetisch, es fängt an bei Akelei und endet bei Zinnien, das bringt nichts. Ich wünsche mir anderes Denken. Ich suche ja keine Pflanze mit »A«. Ich suche eine Pflanze, der es dort gefällt, wo ich sie hinsetze. Ich wünsche mir ein Gartencenter, das in Zonen gegliedert ist, kluge Pflanzenverkäufer machen das so: »Schattenpflanzen«, »Halbschatten«, »Vollsonnig«, die Gewächse könnte man dann noch nach Blütenfarben sortieren. Was auch fast nie auf dem Beipackzettel steht: »Braucht viel Wasser«. »Braucht wenig Wasser«. Oder: »Mag Kalk«.

Ich weiß inzwischen, dass die Blaubeeren, die ich gepflanzt habe, auf meinem Kalkboden wenig Chancen haben. Meine Zaubernuss – sie schmollt, und ich denke, sie ist im Recht. Sie mag keinen Kalk. Sie mag nicht umgesetzt werden. Sie will im Sommer Wasser, damit sie im Januar blüht. Meine steht im Kalkboden, wurde dreimal verpflanzt, und im Hitzesommer habe ich sie behandelt wie meine anderen Pflanzen auch: Da musst du durch. Ich verwöhne dich nicht. Sie hat also dieses Jahr keine einzige Blüte gezeigt, und auch mit den Blättern zögert sie bisher sehr.

So kauft man dann Unsinn, pflanzt ihn, und er verschwindet wieder.

Manchmal hat man Glück im Gartencenter und findet einen Berater seines Vertrauens, oft aber eher nicht. Mein Mitgärtner und ich hatten vor einiger Zeit die Schnapsidee, in einer Gegend mit scharfen Frühjahrsfrösten eine Aprikose zu pflanzen. Wir trafen im Gartencenter auf einen Mann, der offenbar Verantwortung trug und eine Aura von Fachkenntnis verströmte. Anfangs. Er habe, sagte er, in Norwegen schon wunderbare Aprikosen gesehen. Ein Mann mit weniger Verantwortung und robusteren Hosen stand dabei und guckte irritiert. Als der erste schnell weg musste, weil sein Telefon klingelte, sagte der zweite: »Das ist der Chef. Der weiß das nicht. Fragen Sie mich.«

Wir fragten ihn, und er sprach mit strengen Worten über Aprikosen in frostiger Gegend. Er empfahl eine Züchtung: eine »Aprikosenmirabelle«. Eine Mirabelle, die angeblich wie eine Aprikose schmeckt. Angeblich? »Ich weiß es nicht. Ich hab's nie probiert.« Ich hatte sofort Vertrauen zu diesem Mann. »Schmeckt großartig« hätte ich erwartet, geglaubt hätte ich es nicht.

In ihrem ersten Jahr bei uns hat der späte Frost die Aprikosenmirabelle erwischt, genauso wie die Äpfel und die Birnen, zu ernten gab es nichts.

Jetzt blüht sie wieder, die Mirabelle. Und wieder kam der Nachtfrost im April. Mir scheint, er hat nicht alle Blüten erwischt, vielleicht werde ich diesmal Aprikosenmirabellen essen. Irgendetwas wird doch hoffentlich gut laufen, in diesem komischen Jahr. **BS**

IM GLASHAUS SITZEN

Ein botanischer Traum

Seit ich einen Garten habe, denke ich immer wieder, dass ich auch gern ein Gewächshaus hätte: voll mit Hibiskus, Mimosen und einem riesigen Wandelröschen, im Winter steht der Zitronenbaum sicher in einer Ecke, in der anderen Ecke stehe ich schon im Februar und bereite die Saat vor für Tomaten, Ringel- und Sonnenblumen. Im hinteren Teil könnten Gemüse und Salat ihren Platz finden – frische Vitamine auch im Winter.

Problem: So ein Gewächshaus braucht Platz. Das Traumhaus mit Arbeitstisch, Abstellfläche, Gemüseabteilung und idealerweise einem kleinen Schreibtisch, an dem ich mein Gartentagebuch schreiben kann, braucht sogar sehr viel Platz. So 25 bis 30 Quadratmeter fände ich gut, größer geht immer. Nur leider nicht in unserem Garten.

Eine erste Erwähnung der Idee eines Gewächs- oder Treibhauses wird dem römischen Autor Lucius Columella zugeschrieben, der im ersten Jahrhundert nach Christus lebte. Er schilderte die Kultivierung von Pflanzen in Behältern, die auf Rädern in Gebäude transportiert werden konnten, um sie vor ungünstigen Wettereinflüssen zu schützen. In seinem Werk empfiehlt er außerdem, Pflanzen unter Glasscheiben anzuziehen, sodass die Sonne optimal ausgenutzt werden kann.

Damit beschrieb der Römer das noch heute geltende Prinzip für Treib- und Gewächshäuser oder Frühbeete: Die Glasabdeckung maximiert die Temperatur, bietet Schutz vor Wind und Regen und schafft kontrollierbare Bedingungen zur Anzucht und Kultivierung von Pflanzen.

Im Barock fanden Orangerien – Häuser zur Aufbewahrung empfindlicher Zitrusgewächse während der kälteren Jahreszeit – an den europäischen Höfen Verbreitung. Um Früchte oder Blumenschmuck das ganze Jahr über zur Verfügung zu haben, wurde bei Hofe viel Geld investiert. Fensterglas war bis zur industriellen Produktion ein teures Luxusgut.

Gewächshäuser, wie wir sie heute kennen, sind im Prinzip eine Erfindung der Briten, die die Pflanzen, die sie in ihren Kolonien vorfanden, auch in der kühlen Heimat zum Wachsen bringen wollten. Anlagen wie das Palmenhaus von Kew Gardens sind bauliche Meisterwerke und Kulturdenkmäler; moderne niederländische Treibhäuser, in denen Tonnen von Tomaten gezüchtet werden, funktionieren zwar nach dem gleichen Prinzip, nur scheint sich heute keiner mehr Gedanken über die Ästhetik zu machen.

Nun will ich weder Palmen kultivieren noch Massen von Gemüse anbauen. Doch die Grundregeln beim Bau eines Gewächshauses sind auch für kleinere Ansprüche bindend: Es sollte viel Sonne bekommen, aber möglichst wenig Wind. Der einzige Platz, der in meinem Garten überhaupt infrage käme, erfüllt diese Ansprüche zwar. Aber das Treibhaus stünde dann in direkter Blickrichtung von der Terrasse, es müsste also optisch ansprechend sein.

Das Gesamtangebot im Internet ist überwältigend, beim Baumarkt-Fertigteil für 300 Euro beginnt es, dann steigen die Preise steil an. Bei meiner Suche verliebte ich mich in die sogenannten viktorianischen Glashäuser, mit schmiedeeisernen Dachfirstverzierungen in Dunkelgrün. Eines hatte eine Grundfläche von 2,5 mal 3 Metern. Mit Stöcken und Flatterband markierte ich die entsprechende Fläche in meinem Garten, um sofort festzustellen: Das ist zu groß.

Das kleinste Haus, das ich finden konnte, mit Fundament, Backsteinsockel und elektrischen Fensteröffnern, sollte um die 2500 Euro kosten – ohne Heizung, versteht sich – und hatte die Maße 2,10 Meter mal 1,65 Meter. Es war aus Zedernholz – nicht sehr praktisch, ich weiß –, wunderhübsch und zierlich. Das Flatterband wurde entsprechend positioniert – und ich sah: Diese Fläche ist einfach zu klein; das Haus wäre nicht größer als ein Klohäuschen. Es fiel mir nicht leicht, mich von meinem Traum zu verabschieden, aber schließlich entfernte ich die Markierung und verwarf das Bauvorhaben.

Viele Maßnahmen, die man im Garten ergreift, haben weitreichende Konsequenzen, über die sollte man sich im Klaren sein. Und man muss wissen, was man will. Mir wurde bewusst, dass ich eigentlich gern ein Anwesen hätte, auf dem ein Gewächshaus mehr oder weniger gar nicht auffällt – und dass das in nächster Zukunft eher nicht eintreten wird. Mir wurde auch bewusst, was ich nicht will: ein Sammelsurium von kleinen Gebäuden, die sich gegenseitig im Weg stehen, ein Treibhaus, dicht an dicht mit dem Geräteschuppen sieht nicht schön aus. Aber ich möchte unbedingt Pflanzen, Blumen und vielleicht doch etwas Gemüse ansäen und vorziehen, ohne wochenlang wackelige Konstruktionen mit Minitöpfen im Zimmer hin und her zu schieben.

Kurz flackerte die Idee auf, den Nachbarn zu fragen, ob ich einen Teil seines Grundstücks für ein – wirklich tolles! – Gewächshaus nutzen dürfte. Er müsste dann viel weniger Rasen mähen und bekäme mal einen schönen Salat im Dezember. Auch den Gedanken an ein Hochbeet, das ich nach römischer Art mit Glas abdecken könnte, um frühe Saat auszubringen, verwarf ich wieder. Stattdessen kaufte ich ein Gewächshaus, das eigentlich Gewächsregal heißen müsste. Es ist etwa 50 Zentimeter tief, 1,20 Meter breit und 1,70 Meter hoch und passt perfekt an die Seitenwand des Schuppens, wo es von der Terrasse aus unsichtbar bleibt. Löwenmäulchen, Margeriten, Petersilie, Zucchini habe ich dort gezogen – und fühle mich lächerlicherweise ein bisschen wie ein Profi, aber das merkt ja niemand. **KS**

UNTERWEGS MIT EINEM LIEBLINGSGÄRTNER

Von Angst-Eltern, Straßenbegleitgrün und floralen Sättigungsbeilagen

Es kommt selten vor, dass ein Gartenbuch in mir den Wunsch hervorruft, den Autor kennenzulernen, aber bei einem war der Wunsch dringend. Er wurde jetzt erfüllt. »Hier wächst nichts« heißt sein Buch. Das Cover zeigt etwas Trauriges, Trockenes, das ein Rasen sein soll, und darauf zwei Gartenstühle mit einer Ausstrahlung von tiefer Verlorenheit: Niemand sitzt hier. Warum auch.

»Notizen aus unseren Gärten« werden hier erzählt, und zwar von einem Staudenspezialisten namens Jörg Pfenningschmidt und seinem Co-Autor Jonas Reif, und man muss den braven Ulmer Verlag dafür loben, dass er sich das traut. Das Buch steht dann ja (hoffentlich) im Buchladen zwischen Blütenräuschen, Bienenfreundschaftsbüchern, Countrygarden-Delirien, und es erzählt Geschichten. Was einer wie Pfenningschmidt eben so erlebt, der anderer Leute Garten oder Grünanlage gestaltet, und was er sich dabei denkt. Über Angst-Eltern zum Beispiel, die in jeder Knallerbse eine Kinderkillerpflanze sehen. Über den Schottergarten im Wandel der Jahreszeiten oder über »Straßenbegleitgrün« im öffentlichen Raum, diese »Sättigungsbeilage« aus armseligen Gehölzen, die nur da ist, um ein amtliches »Wir kümmern uns« vorzutäuschen. So steht das bei ihm im Buch.

Pfenningschmidt, 60, stellt sich heraus als ein Mensch, der zurzeit keinen eigenen Garten hat, was ihm nicht fehle, und einen beinahe perfekten Obstkuchen backen kann. Außerdem hat er mal Germanistik und Geschichte studiert. Er kann sehr schön vom Garten seiner Eltern erzählen, den er als wachsendes Elend erlebt hat – erst, in den Sechzigerjahren, noch mit Obstbäumen und Beerensträuchern neben Rasen, Cotoneaster und Serbischer Fichte. Dann aber verflog die Erinnerung an Hunger und Not, die Einmachgläser im Keller verschwanden, Obstbäume und Beerensträucher kamen weg. Dafür wurde es pflegeleicht, so dachte man jedenfalls, mit noch mehr Serbischer Fichte. Es blieb jedoch genug Arbeit übrig, um dem jungen Jörg den Garten zu verleiden.

Er muss sich dann aber, so erzählt er beim Kuchen im Hamburger Nordosten, in fremder Leute Blumen verguckt haben, ist irgendwie über Aquarienbepflanzung in die Gartenbepflanzung gedriftet, wurde Gartengestalter, zu finden unter »www.naturdesign-staudengarten.de«, und er wagt inzwischen, sich Gärtner zu nennen. Ein Gärtner allerdings, der sich gegen die immerschöne Landlustromantik stellt. Nein, es macht nicht immer Spaß. Nein, die pastell fotografierte Dame mit Hut und Handschuhen, die angeblich von ihrem Landleben erzählt, hat sicher nicht selbst den Löwenzahn aus der Erde geholt. Nein, die vegane Freundin kann ihren Prinzipien nicht treu bleiben, wenn im Salat die Schnecke hängt.

Pfenningschmidt reagiert allergisch auf Barockgitarren oder zwitschernden Vivaldi, zu dem sich bei Gartensendungen im Fernsehen gern die Wiesenblumen wiegen. Er hält solches Fernsehgärtnern für Verklärung, nicht für Praxis. In den Vorgärten wuchern ja tatsächlich nicht Wiesenblumen, da herrscht eher Formschnitt, er kann es bei einem Gang durch die Vorstadt zeigen.

Warum eigentlich? Warum der streng geschnittene Taxus, warum die Gabionenmauer, warum der Schottergarten, der den heimkehrenden Menschen abends in seiner Vorstadtsiedlung begrüßt?

Weil, meint Pfenningschmidt, es wohl die Sehnsucht nach Kontrolle gibt: Wenn ich mich schon tagsüber bei der Arbeit schubsen und fremdbestimmen lassen muss – in meinem Garten bestimme ich, was wächst und was nicht. Eine Illusion, meint er, auch im Schottergarten.

Man kann Pfenningschmidt als einen Pflanzenrechtler verstehen. Als einen, der die Ansprüche von Pflanzen verstehen und ihnen gerecht werden will; manchem Hobbygärtner, meint er, sei dieses Denken fremd. Reden wir also über Ansprüche: Warum geht mir, in meinem Garten, dauernd der Rittersporn ein? Was rät er? Was soll ich tun? »Vergessen Sie's. Nehmen Sie die Baptisia australis. Die ist auch schön blau.« Ich will aber Rittersporn. »Vergessen Sie's. Ja, der stand früher in jedem Bauerngarten. Aber da war auch noch die Oma da und goss.«

Ich war trotzig. Ich habe es weiter mit Rittersporn versucht, Ritterspornblau ist mein Lieblingsblau, in jeder Schattierung. Den ersten holten die Schnecken, den zweiten der Mehltau. Der dritte kränkelte noch eine Weile, dann sank er entkräftet ins Beet. **BS**

UNTERWEGS MIT ZWEI LIEBLINGSGÄRTNERINNEN

Zwei Frauen, ein Traum

Auf der Suche nach einem Seminar über Rosenschnitt bin ich vor Jahren auf die Königliche Gartenakademie (KG) gestoßen. Sie befindet sich in Berlin-Dahlem auf dem Gelände der einstigen Königlichen Gärtnerlehranstalt, die Anfang des 20. Jahrhunderts von Potsdam dorthin umgezogen war. Die Seminare waren langfristig ausgebucht, doch die Bilder von der dazugehörigen Gärtnerei sahen einladend aus, das Angebot an Blumenzwiebeln war groß, und weil es damals keinen Online-Versand gab, fuhr ich hin.

Die KG in Berlin-Dahlem ist längst kein Geheimtipp mehr – und weit mehr als ein Gartensupermarkt à la Dehner, Hornbach oder Obi, in dem manchmal Seminare angeboten werden. Gabriella Pape, 58, und Isabelle Van Groeningen, 56, die Erfinderinnen, Bauherrinnen und jetzt Betreiberinnen, wollten einen Ort schaffen, von dem aus sie die Kunst des Gärtnerns, die Kultur des Gartenbaus, wie sie in England gepflegt wird, in Deutschland verbreiten können. Die beiden Frauen sind erfüllt von diesem ambitionierten Plan.

Diese Leidenschaft für ihr Metier, die man auch aus ihren Büchern herauslesen kann, hat Pape und Van Groeningen zu meinen Lieblingsgärtnerinnen gemacht. Im

August konnte ich sie an ihrem Arbeitsplatz in Dahlem treffen.

Dort schlendern potenzielle Kunden ob all der Schönheit leicht verstrahlt über das 10.000 Quadratmeter große Gelände und durch die restaurierten Gewächshäuser aus dem 19. Jahrhundert. In denen sind Seminarräume untergebracht, Büros, außerdem ein Café-Restaurant und Verkaufsflächen. Dort gibt es alles, was mit Garten zu tun hat: Möbel, Bücher, Werkzeuge, Pflanzgefäße. Man kann hier ganz nebenbei nicht nur für Pflanzen ein Vermögen ausgeben.

Mitten in den Staudenschaubeeten befindet sich ein Natursteinhäuschen, berankt mit Kletterrosen und Clematis. Es ist das einstige Wurzelbeobachtungshaus, ein spezielles Gebäude, so angelegt, dass Pflanzenwurzeln sichtbar sind. So konnten die Lehrlinge der Gartenschule vor gut 100 Jahren am lebenden Objekt studieren. Heute beherbergt es das Büro der Chefinnen. Die eine vibriert nur so vor Energie, sie gestikuliert beim Reden, die andere ruht in sich und wirkt sehr sanft. Beide strahlen Lebensfreude und Zufriedenheit aus. Kein Wunder, denn sie leben einen Traum.

Die temperamentvolle Gabriella Pape erzählt, wie sie auf die Idee zur KG gekommen sei: Mit gebrochenem Fuß lag sie im Jahr 2004 auf dem Sofa in England, wo sie mit ihrer Partnerin Van Groeningen in einem idyllischen Cottage lebte und ein Gartenplanungsbüro betrieb. Sie döste ein, sie träumte, und als sie erwachte, wusste sie, was sie wollte: in Deutschland einen Ort erschaffen, wo die Leute durch

Aufklärung weg von der lästigen Gartenarbeit hin zum entspannten Gärtnern geführt werden.

Während sie das erzählt, fällt ihr ein, dass sie ihren Entwurf für den Schaugarten bei der Chelsea Flower Show 2007 auch geträumt hatte. Isabelle Van Groeningen erinnert sich, sie lächelt still und nickt, ja, das war verrückt. Mit dem erträumten Entwurf gewann ihre Firma den zweiten Platz; Pape war die erste Deutsche, die überhaupt teilnehmen durfte an dieser inoffiziellen Weltmeisterschaft der Gartenbaukunst.

Van Groeningen und Pape haben sich während ihres Studiums in Großbritannien kennengelernt, das sie unter anderem in den berühmten Botanischen Gärten von Kew absolvierten. Van Groeningen ist in Antwerpen geboren, Pape in Hamburg. Beide liebten es schon als Kinder, im Garten tätig zu sein, beide fanden in ihren Vätern große Förderer ihrer Interessen, beide zog es früh in die Welt hinaus, und beide lernten erst das Handwerk, bevor sie eine akademische Ausbildung im Bereich der Gartenkunst absolvierten. Van Groeningen ist promovierte Gartenhistorikerin und Staudenexpertin, Pape diplomierte Landschaftsarchitektin.

Wenn diese so verschiedenen Frauen über ihren gemeinsamen Lebensweg sprechen, ist tiefes Einverständnis zu spüren – und ein kleines Staunen über das Ausmaß der Ähnlichkeiten: Als sie das Elternhaus der jeweils anderen kennenlernten, erzählen sie, schien es ihnen, als kämen sie in das eigene Kindheitszuhause zurück. Vieles war sehr vertraut, es wurde sogar dasselbe Porzellan verwendet.

Der Weg vom Traum von der Gartenakademie zur Eröffnung im Jahr 2008 kostete die beiden viele Nerven und noch mehr Geld. »Viele Millionen«, wie Pape sagt, »die ich nicht hatte.« Durch Zufall und Verbindungen fand sie das ideale Gelände in Berlin: dort, wo einst die Königliche Gärtnerlehranstalt betrieben wurde, direkt gegenüber vom Botanischen Garten Dahlem.

Der große Gartenkünstler Peter Lenné hatte hier gewirkt, er war einer der Direktoren dieser preußischen Institution, eine der ältesten ihrer Art in Europa. Mit der neu zu gründenden Gartenakademie, an der Gartenkultur gelehrt und gelebt wird, sollte also eine Tradition wieder aufleben. Allerdings war das Gelände völlig vernachlässigt, von den Gewächshäusern waren nur noch die Grundkonstruktionen übrig. Heute sind sie wieder voll funktionsfähig, mit moderner Technik ausgestattet und sehen wunderbar nostalgisch aus.

Für Van Groeningen war der Umzug nach Deutschland eine schwere Entscheidung, vor allem wegen der Sprachbarriere. In England kümmerte sie sich um alle Pressekontakte, die gebürtige Belgierin spricht und schreibt fließend Englisch. Deutsch hatte sie nur ein wenig in der Schule gelernt. Heute schreibt Van Groeningen nicht nur einen Gartenblog auf Deutsch und Englisch, sondern leitet auch viele der Seminare in der Akademie.

Die Verhandlungen mit den Banken um Kredite hat Pape allein geführt. »Wir wollten die nicht überfordern, eine Frau allein war ja schon schlimm genug. Wenn ich im Raum war, haben immer alle gewartet, dass noch ein Mann kommt.« Die Finanzierung erfolgte schließlich mithilfe eines europäischen Geldinstituts, in Deutschland hat niemand an das Konzept geglaubt.

Die Gründung der KG war für Pape auch ein Akt der Emanzipation. Sie stammt aus einer bekannten Hamburger Architektenfamilie. »Deswegen«, so sagt sie, »kam es nicht infrage, in die Hansestadt zu gehen.« Dort wäre sie immer »die Tochter von« geblieben. Nun sei stattdessen ihr Vater mal angesprochen worden, ob er nicht der Vater von dieser Gartenarchitektin sei, erzählt sie vergnügt.

Wenn es darum geht, einen Garten zu planen, will Pape genaue Informationen. Unvorbereitete Kunden sind das Schlimmste für sie. »Wenn die Leute keinen Plan haben, keine Vorstellung, dann kann ich anbieten, was ich will – es wird ihnen nicht gefallen. Oder sie sind enttäuscht. Das ist Zeitverschwendung.« Wissen ist laut Van Groeningen und Pape auch für die Pflege des Gartens essenziell.

»Wer mit Wissen gärtnert, braucht zwar nicht weniger Zeit, trägt aber in seiner Seele wesentlich größere Erfolge davon«, schreiben die beiden in ihrem Buch »Gartenträume«, in dem sie ihre bewährte Arbeitsteilung schön erklären: »Gabriella plant die Bühne, Isabelle schreibt dazu mit Pflanzen das passende Theaterstück.«

Der Einklang zwischen dem, was dieses Gärtnerinnenpaar will und was es tut, begeistert mich. Die beiden Frauen gestalten mit Pflanzen ganze Welten, und sie teilen ihr Wissen, damit auch andere diese befriedigende Erfahrung machen können. Natürlich haben sie auch einen eigenen Garten, mitten in Berlin, im Hinterhof. Dort gärtnern sie in ihrer eher spärlichen Freizeit, ganz für sich. Ihr privater Garten sei, sagt Van Groeningen und lächelt wieder ihr stilles Lächeln, »vor allem ein Bed and Breakfast für die Vögel«.

KS

DAS SCHWEIGEN DER EIBE
Notizen zu Förster Wohllebens
Baumverständnis

Ich habe jetzt doch mal Peter Wohlleben gelesen, in der Hoffnung, die Bäume in meinem Garten besser kennenzulernen, und war erst mal seltsam berührt. Mich befremdet es, wenn einer von einem »glücklichen Wald« erzählt und von Bäumen, die lauter Dinge tun, die ich ihnen nicht zutraue. Sie haben Absichten, Erkenntnisse, Gefühle. Sie »möchten am liebsten alle gleichzeitig blühen«, sie »vertrauen auf Insekten«, sie »teilen sich die Kräfte sorgfältig ein«. Sie »wollen sich vermehren«. Sie setzen »Baumkinder« in die Welt, die sie erziehen und nähren, »man könnte auch sagen: Die Baumbabys werden gestillt«. Sie haben »Magenknurren«. Und spüren »Schmerz«. Und wenn sie starken Durst haben, dann »fangen Bäume an zu schreien«.

Eiben beweisen »Genügsamkeit und Geduld«. Obstbäume »können zählen«. Alle können »Neuigkeiten verbreiten« oder »Alarmmeldungen«, also: sprechen.

So etwas schreibt er in seinem Bestseller »Das geheime Leben der Bäume«. Ein merkwürdiger Blick auf Laub- und Nadelholz, finde ich.

Ich ging nach draußen und überlegte, was sie mir wohl zu sagen hätten, wenn sie es könnten. Der Birnbaum: Er hätte jeden Grund, sich zu beklagen, so stümperhaft, wie ich mich jahrelang beim Baumschnitt angestellt habe. Die alte Süßkirsche, von der der Mitgärtner mit der Motorsäge flog – registriert sie meinen Ärger?

Die Hängebuche – ist sie nachtragend? Jedes Mal habe ich ein schlechtes Gewissen, wenn ich vor meiner Buche stehe. Sie hatte Wollläuse, in ihrem ersten Jahr hier. Wohlmeinend, aber brutal habe ich die befallenen Äste weggeschnitten. Und jetzt will sie (bockig?) einfach nicht wachsen. Sie dürfte jetzt etwa sieben Jahre alt sein und ist immer noch nicht größer als ich.

Ich besuchte die Eibe, sie schwieg, schien aber ganz zufrieden. Der Apfelbaum rechnete vielleicht gerade: Reicht die Anzahl der warmen Tage schon? Soll ich blühen?

So habe ich es bei Wohlleben gelesen, das ist seine Sicht der Dinge. Sie liegt mir nicht. »Das Einreißen der moralischen Grenzen zwischen Tieren und Pflanzen« – er begrüßt es. Ich nicht.

Andererseits hatte ich in letzter Zeit viel mit Bäumen zu tun, das hat meine Sicht der Dinge tatsächlich verändert. Ich war mit Förstern im Wald und habe mir tote Fichten zeigen lassen, Borkenkäferopfer, leidende Eichen, Buchen im Klimastress.

Wie kostbar Bäume sind, das fange ich allmählich an zu begreifen. Ich habe jetzt großen Respekt vor Menschen, die vor hundert oder Hunderten von Jahren Bäume für die Nachwelt pflanzten. Um jeden Obstbaum, den ich für morsch erklärte und fällen ließ, tut es mir im Nachhinein leid.

Ich denke an den Mann in der Baumschule, dem ich erzählt hatte, ich wolle eine Hängebuche, unter der ich dann im Alter mit dem Mitgärtner sitzen könne. Er sagte: »Ja, ja, werden Sie«, und grinste wahrscheinlich in sich rein. Er hätte sagen müssen: »Vergessen Sie's. Pflanzen Sie trotzdem.«

Er verkaufte mir den Baum und sagte nichts weiter. Jetzt, nachträglich, denke ich: Es wäre nicht schlecht gewesen, hätte ich damals schon Wohllebens Baumbuch gekannt.

Denn ich bin nicht das einzige Problem, das meine Buche hat, das weiß ich jetzt. Zum einen wollte ich unbedingt eine Blutbuche, und die haben es schwerer als die grünblättrigen, sie haben weniger Chlorophyll. Sie verschwenden, steht im Buch, »einen erheblichen Anteil der Lichtenergie«.

Und: Sie ist allein.

Man muss es ja nicht rührend »Freundschaft« nennen wie Wohlleben, aber seine Beschreibung überzeugt mich schon: Baumpaare, die Nährstoffe austauschen, die über die Wurzeln eng verbunden sind und manchmal sogar gemeinsam absterben. Mir fällt jetzt auf, dass auf den Fluren, an Wegesrändern, Bäume oft paarweise gepflanzt wurden und überlebt haben, und nicht als Solitär.

»Pflanzen Sie zwei«, hätte der Mann in der Baumschule sagen können. Vielleicht wären die beiden dann größer als unsere alleinstehende zögerliche Buche. Vielleicht würden wir doch noch darunter sitzen. Oder dann halt irgendjemand anders, irgendwann. **BS**

IM TIEFBAU

Manchmal geht es nicht ohne Bagger – oder doch?

Ende Februar wurde unsere Küche frisch gestrichen. Morgens um 7.30 Uhr kam der Maler. Eine große Kanne Kaffee, viele Kekse und acht Stunden später war alles wie neu. Parallel kam der Mann von der Gartenbaufirma. Unser Weidenstrauch sollte entfernt, statt seiner ein Hartriegel gepflanzt werden. Ich nahm an, dass der Fachmann nicht länger brauchen würde als der Maler in der Küche.

Der großblätterige Weidenbusch, der weg sollte, stand 20 Jahre an unserer Grundstücksgrenze, schätze ich. Er wucherte und reckte sich bis zu fünf Meter in die Höhe. Er drängelte und hatte – im Gegensatz zu seiner edlen Verwandten, der Salweide – wenig Blüten, aber viele große Blätter. Alles in allem erschien er uns inzwischen irgendwie langweilig, irgendwie nervig. Also weg damit. Der Plan war schnell gefasst. Die Umsetzung dauerte ein wenig länger.

Eigentlich war mir klar, dass das eine größere Operation werden würde. Doch der Gartenmann brummte etwas Beschwichtigendes, als ich auf die starken Wurzeln des Strauchs hinwies. Gerade rechtzeitig, bevor der Mann verschwinden wollte, kam ich hinzu. Das Gehölz war weg – allerdings nur abgesägt. Ein dickes, kurzes Gerippe ragte aus der Erde, eine fette Lücke war entstanden.

Fragend sah ich den Mann an. Ja, meinte der, da müsse sein Chef erst mal kalkulieren, was das wohl kostet, die Wurzeln loszuwerden. Unter Umständen würde das ja viele Stunden dauern und sehr teuer werden. Vielleicht käme man auch lieber mit dem Bagger. Bitte?! Oder mit der Fräse. Aha. Vielleicht ginge auch etwas Sprengstoff?

Wurzeln gründlich auszugraben kann schon bei viel kleineren Gewächsen ein Problem sein. Man muss buddeln und zerren und notfalls die Schere zu Hilfe nehmen. Wenn man will, dass die Pflanze überlebt, ist das oft eine echte Herausforderung. Stockrosen zum Beispiel bekommen über die Jahre lange, knallharte Pfahlwurzeln. Nur wenn sie jung sind, kann man sie einigermaßen gefahrlos ausgraben, um sie umzusetzen.

Neben den Pfahlwurzlern gibt es die Herz-, Tief- und Flachwurzler. Zur letzteren Kategorie gehören die Pflanzen aus der Familie der Weidengewächse.

Das bedeutet, dass die Wurzeln nicht besonders tief, dafür aber besonders raumgreifend wachsen. Dadurch wird der Boden verfestigt. An Flussufern kann das durchaus sinnvoll sein. Im Garten eher nicht so. Den Umkreis, den unser Weidenstrauch mit seinen Wurzeln vermutlich einnahm, bezeichnete der Gartenfachmann mit einer vagen Handbewegung als – sehr groß, ehrlich gesagt, und: Das müsse man dann alles ausgraben.

Nein, sagte ich, die Wurzeln müssten zur Not gekappt werden, sonst werde ja das ganze Rosenbeet verwüstet. Dass ich die Wurzelproblematik schon früher angesprochen hatte, erwähnte ich nicht. Bei der Beetanlage hatte übrigens derselbe Mann vor vier Monaten mit Hand angelegt, das erwähnte ich auch nicht, er selbst schien die Rosen gar nicht wahrzunehmen. Hm, ja, der Chef melde sich. Es war 16.30 Uhr. Feierabend.

Abgesehen davon, dass selbst der kleinste Bagger der Welt nicht durchs Tor passen würde: Wer möchte schon einen Bagger in seinem schmalen Stadtgarten haben? Was wird aus all den Krokussen, die gerade dabei sind, ihre Pracht zu entfalten? Von den anderen Pflanzen, über die er hinwegwalzen müsste, ganz zu schweigen. Vor meinem inneren Auge sah ich eine Spur der Verwüstung.

Die sorgfältige Entfernung der Wurzeln ist aber unerlässlich, sonst kann man ja nichts Neues an der Stelle pflanzen – und die Wahrscheinlichkeit, dass da wieder etwas sprießt, was man nicht haben will, ist groß.

Die Tage vergingen, ohne dass ich Nachricht erhielt. Als ich die Gartenbaufirma anrief, erfuhr ich, dass die Sache »noch nicht zu Ende gedacht« sei. Besonders interessiert an diesem Auftrag schien niemand zu sein. Mit der Fräse, so kalkulierte der Chef schließlich, werde die Aktion ungefähr 300 Euro kosten. Da fiel mir schlagartig ein hilfsbereiter, geschickter Bekannter ein. Nach zwei Stunden war die Sache erledigt. In guter alter Handarbeit mit Schaufel und Beil und ordentlich Schweiß wurde den Stumpen und Wurzeln der Garaus gemacht.

Nach Veröffentlichung dieses Textes meldete sich ein Leser, der mir seine etwas exotischere Methode erläuterte, die einen manuellen Zwei-Tonnen-Kettenzug und Schwerlastschlingen involviert. Damit wird dann am Baum gezogen, sodass der unter Spannung steht und die Wurzeln leichter auszugraben sind. Das unvermeidliche Buddeln sei auch zum Frustabbau sehr empfehlenswert.

Merke: Beim Gärtnern ist es nicht nur wichtig, darüber nachzudenken, was ich mir in den Garten hereinhole. Auch die Trennungsfrage will wohl erwogen werden. Jetzt bin ich wild entschlossen, den Hartriegel für immer zu behalten. Seine Entfernung, habe ich gelesen, könne sehr »enervierend« sein. **KS**

Die promovierte Gartenhistorikerin und Staudenexpertin ISABELLE VAN GROENINGEN, *56, lernte ihr Handwerk in den berühmten Royal Botanic Gardens von Kew in London und in dem Botanischen Garten der Royal Horticultural Society in Wisley; sie studierte außerdem an der Universität York. Zusammen mit Gabriella Pape gründete sie die Königliche Gartenakademie in Berlin, um Gartenkultur und das Verständnis von Gartenkunst in Deutschland zu fördern.*

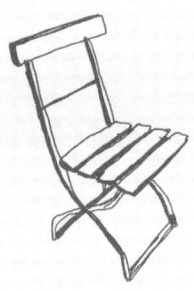

»DAS LEBEN IST ZU KURZ FÜR PFLANZEN, DIE MIR NICHT GEFALLEN.«

Frau Van Groeningen, was sollte man beim Gärtnern unbedingt beachten? Ich glaube, das Wichtigste ist, dass wir entspannter mit unseren Gärten umgehen.

Wie meinen Sie das? Wir sollten nicht immer so ordentlich sein, nicht immer alles aufräumen und wegputzen. Jedes Blättchen einsammeln, jeden Halm richten. Das spart nicht nur Aufwand, sondern kommt auch der Umwelt zugute.

Inwiefern? Die Natur hat die perfekte Recyclingmethode, einfach genial: Ein Baum wirft seine Blätter ab, sie vergehen und bilden Nährstoffe, die der Baum für die nächste Wachstumsperiode nutzt. Außerdem bietet das Laub Insekten und anderen Tieren Schutz. Und all diese Wesen tragen das Ihrige dazu bei, dass der Kreislauf des Lebens in Bewegung bleibt.

Was heißt das für den Privatgärtner? Ich lasse
das Laub im Winter auf den Beeten liegen. Das Eichen-
laub liegt noch im Juli dort. Auf dem Beet ist dann
immer etwas Unruhe, ja, es ist nicht ordentlich, aber
das kann man gut aushalten, finde ich. Nur die Wege
fege oder harke ich, das ist wichtig, damit die Struktur
des Gartens erkennbar bleibt.

**Ab und an muss man doch mal etwas putzen,
verblühte Stauden zum Beispiel herunter-
schneiden?** Das mache ich nach Möglichkeit erst
im Frühjahr. Nur wenn etwas schlapp und matschig
herumliegt, dann entferne ich es schon vorher. Aber
alles, was schön trocknet, Kugeldisteln oder Sonnenhut zum Beispiel, lasse ich stehen. Das sieht interessant aus, wenn der Raureif glitzert, die Insekten
haben einen Rückzugsort zum Überwintern, und die
Vögel freuen sich über die Samen. Und ich freue mich
über das Leben in meinem Garten. Ein weiterer Vorteil: Im Frühjahr muss ich viel weniger schneiden,
alles ist trocken, ich kann es brechen und direkt auf
den Kompost geben. Im Herbst muss man alles klein
schneiden, das dauert und kann auch anstrengend
werden.

Mehr schneiden Sie nicht? Mal ehrlich! Hecken
oder Formgehölze müssen natürlich geschnitten werden, und zwar im Sommer, eventuell noch mal im

Herbst. Richtig scharfe Kante darf und soll da sein:
für die Struktur, die besonders im Winter so wichtig
ist, weil sie das Hauptelement der Gestaltung dar-
stellt. Blüten gibt es ja nicht so viele. Eine Eibe in
Kugel- oder Vogelform schmückt in der kalten Jahreszeit das Gelände ungemein.

**Was ist mit den anderen Gehölzen? Sollen die im
Herbst oder im Frühjahr geschnitten werden?**
Das kommt drauf an. Der Zeitpunkt ist durch die Ge-
hölzart bedingt. Generell würde ich zum Thema
Schnitt empfehlen: so wenig wie möglich, so viel wie
nötig. In der Natur bricht zwar mal ein Ast ab oder
ein Reh kommt vorbei und knabbert an einem Zweig,
viel passiert da aber nicht.

Unkraut entfernen Sie aber schon? Ich liebe es, Unkraut zu jäten! Ich kann dabei nachdenken oder auch
gar nichts denken. Der Kopf wird frei. Wunderbar.

Wann jäten Sie? So früh wie möglich, auf jeden
Fall, bevor die ungebetenen Gartengäste sich wieder
aussäen können. Dafür ist botanisches Wissen
hilfreich. Sonst läuft man Gefahr, das Falsche raus-
zuzupfen. Ja, wenn man unsicher ist, sollte man
abwarten.

Das Wort »Unkraut« wird von manchen Leuten strikt abgelehnt, sie sagen lieber Beikraut. Also, für mich gibt es die gewollten Pflanzen, die Überraschungsgäste und die, die ich einfach nicht möchte. Das Leben ist zu kurz für Pflanzen, die mir nicht gefallen.

Blumen, die sich selbst ausgesät haben, gedeihen oft am besten. Ja, aber manchmal tauchen sie an Stellen auf, wo ich sie nicht haben will. Etwas Einfluss möchte ich ja schon nehmen (lacht). Akelei sät sich zum Beispiel gern und üppig aus. Ich lasse einige stehen, aber nicht alle. Manche Pflanzen setze ich auch um. Auch hier gilt: Je früher, desto besser.

Die zu starke Ausbreitung von einstmals gewollten Gewächsen kann eine Herausforderung sein. Ja, allerdings. Man kann und sollte vorbeugen. Bei Selbstaussäenden muss man die Samenkapsel entfernen, bevor sie sich öffnet. Bei denen, die Ausläufer bilden, sollte man gleich beim Einpflanzen Wurzelsperren einrichten.

Braucht man dafür einen Gartenbauer? Nein, wenn Sie es gleich machen, geht es recht einfach. Für Minze zum Beispiel können Sie einen Plastikeimer ohne Boden mit eingraben. Dabei eine kleine Kante

über der Erde lassen, sonst krabbeln die Ausläufer
doch in die Nachbarschaft.

**Dann muss ich aber wissen, welche Pflanze sich
wie vermehrt.** Ja, ein bisschen Recherche kann nicht
schaden. Die informierte Gärtnerin ist die beste
Gärtnerin.

**Gibt es einen Aspekt bei der Pflege, der von Hobby-
gärtnern und -gärtnerinnen besonders häufig
falsch gemacht wird?** Die wenigsten Leute bewässern
richtig.

Wird zu viel oder zu wenig gegossen? Die Menge
allein ist nicht entscheidend. Man sollte lieber seltener,
aber dafür reichlich wässern. Wenn man eine Rasenfläche sprengt – immer nur in den frühen Morgen-
stunden, damit die Schnecken sich nicht freuen
können –, sollte man einen aufgeschnittenen Saft-
karton dazustellen. Wenn da zwei, drei Zentimeter
Wasser drin sind, weiß man, die Erde ist ebenso tief
durchfeuchtet.

Gibt es ein absolutes No-Go für den Garten?
Nackte Erde. Die gibt es in der Natur nicht. Wenn ein
Baum entwurzelt und Erde freigelegt wird, dann sie-
deln sich innerhalb kürzester Zeit alle möglichen
Pflanzen an. Die Erde will und soll nicht nackt sein.

Entspannter sein beim Blick in den Garten, nicht alles so ordentlich herrichten – wie nehmen Ihre Kundinnen und Kunden diese Ratschläge auf?

In der Einstellung vieler Deutscher zum Garten hat sich einiges getan in den letzten Jahren. Naturnähe ist wichtiger geworden. Statt von Gartenarbeit reden immer mehr Leute vom Gärtnern. Das gefällt mir. In England drückt es das Verb »gardening« schon lange aus: Die Pflege des Gartens gilt nicht in erster Linie als eine Last, sondern als Lust. Dazu passt meine Philosophie der Gelassenheit ganz gut, denke ich.

Das Interview führte Katharina Stegelmann.

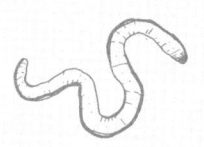

SOMMER

Das Wort ist für den germanischen Sprachraum seit dem 8. Jahrhundert belegt, im Alt- und Mittelhochdeutschen hieß es sumer oder sumar – und der Klang deutet an, wie üppig und fröhlich in dieser wärmsten Zeit des Jahres die Natur gedeiht: Erste Früchte, duftende Rosenblüte – und die Bienen liefern den Soundtrack zum großen Sommervergnügen. Das Planschen, Feiern, Sonnenbaden ist die beste Vorbereitung auf den Winter.

Oder man hält sich an Theodor Storm: »Ein Blatt aus sommerlichen Tagen, // Ich nahm es so im Wandern mit, // Auf daß es einst mir möge sagen, // Wie laut die Nachtigall geschlagen, // Wie grün der Wald, den ich durchschritt.«

Der Sommer liefert pure Energie, das Leben ist so viel unbeschwerter, sinnlicher, einfacher. Die Tage werden lang und länger, und in den hellen Nächten glühen meine Sommersprossen. Dann wünschte ich, der Sommer möge nie enden.

IM SOMMER,

auch davon handelt dieses Kapitel, betrachtet man sein Werk und sieht: Hier muss noch etwas getan werden. Wenigstens fürs nächste Jahr. Blüten sollen ihre Farbe ändern, Stauden werden auf ihren Einbürgerungsstatus geprüft, und die kahlen Stellen im Schatten der hoch geschätzten Heckenpflanzen, die wir brav pflegen, um unseren Teil zur Weltrettung beizutragen, sollen demnächst begrünt werden. Schmetterlinge, Rosen, Tomaten. Die Ersten fehlen, die Zweiten werden geklaut, nur die Tomaten sind köstlich und verlässlich.

Vögel, Katzen, Eichhörnchen – es ist ganz schön was los im Garten. Andere Tiere sollten lieber draußen bleiben, tun es aber nicht: Nacktschnecken in rauen Mengen, und wir geben alles, um sie loszuwerden. Sollte man im Sommer nicht auch mal ganz entspannt herumliegen? Dafür fährt man dann in den Urlaub, im eigenen Garten ist zu viel zu tun.

BRENNENDE LIEBE

Von der Rückkehr der Brennnessel in meinen Garten

Der Garten ist bekanntlich nicht nur zum Arbeiten da, sondern auch zum Entspannen und Genießen. Und so lungerte ich eines schönen Sommertages auf einer Liege herum und ließ meine Blicke schweifen. Was ich sah, gefiel mir. Und doch, es fehlte etwas: Schmetterlinge. Bienchen und Hummeln, Schwebfliegen und anderes Gesummse sorgten für regen Luftverkehr. Bei Aussaat und Pflanzung hatte ich mich gern an Tipps für Insektenfreundlichkeit gehalten. An Futter mangelte es eigentlich nicht. Aber wo waren die Schönheitskönige der Krabbeltiere, die Schmetterlinge? Nur ab und an torkelte ein Kohlweißling vorbei, ich wollte mehr.

Das war es dann auch mit meinem genussvollen Müßiggang an diesem Tag. Ich begann zu googeln. Dabei entdeckte ich das »Schmetterlingszucht-Set für Distelfalter«. Auf den Kauf dieser kindgerechten Naturkunde-Utensilien verzichtete ich. Doch nun war klar, was dem Garten fehlte, um die schönen Falter anzulocken: Brennnesseln.

Tagpfauenaugen, Kleine Füchse, Admirale – sie alle benötigen Brennnesseln als Futter für ihre Raupen. Sie haben keine Wahl, es ist eine Frage von Sein oder Nichtsein: Die genannten Schmetterlinge entwickeln sich nämlich an keiner anderen Pflanze; nur an der Brennnessel werden die

Eier abgelegt, die Raupen leben und fressen dort mehrere Wochen bis zur Verpuppung. Wenn die Falter geschlüpft sind, müssen sie natürlich wieder Futter haben: Sommerflieder, Majoran, Blaukissen und natürlich Wildblumen aller Art werden empfohlen.

Brennnesseln sind bei den meisten Hobbygärtnern begrenzt beliebt: Erstens, weil es wehtut, sie zu berühren. Zweitens, weil sie wuchern und andere Pflanzen verdrängen. Dabei sind die robusten Stauden vielseitig einsetzbar: als Kompostierhilfe oder Düngemittel, zum Pflanzenschutz ebenso wie als Tee bei Blasenproblemen oder als Spinatersatz. In unserem Garten gab es anfangs die eine oder andere Brennnessel, die ich rauszog, sobald ich sie entdeckte. Nach ein paar Jahren waren sie so gut wie verschwunden. Dann kam meine Schmetterlingssehnsucht, das neue Wissen – und ich bereute mein Tun.

Mein Mann und Hilfsgärtner hörte sich zwei Tage lang meine neuesten Erkenntnisse, meine Schmetterlingsfantasien und seltsamen Begehren an: Alles lief darauf hinaus, dass wir wieder Brennnesseln im Garten haben müssten. Dringend. Wenn ich beim nächsten Mal eine sähe, würde ich sie nicht eliminieren, sondern umpflanzen, sodass eine Raupenplantage entstehen könnte. Die Ecke hatte ich schon ausgeguckt. Aber wie lange würde das dauern? Ich war im Fieber.

Am dritten Tag nahm er Handschuhe, Schaufel und Eimer und zog los. An Brennnesselwuchs in unmittelbarer Umgebung mangelte es nicht. Dass es dort auch nicht an

Spaziergängern fehlte, hatte er nicht bedacht. Zum Umkehren war es zu spät, er sicherte seine Beute, als sei das sein Beruf: Brennnesseln ausgraben. Es war ja schließlich für einen guten Zweck.

Als ich abends nach Hause kam, wurde mir stolz die Grundlage für unsere zukünftige Schmetterlingszucht präsentiert. Die Pflanzen hingen zunächst etwas schlapp herum, nach ein paar Tagen erhoben sie jedoch stolz ihre wehrhaften Blätter. Seither gedeihen sie prächtig, kommen jedes Jahr wieder, breiten sich aus. Ich muss sie im Auge behalten, sie sollen ja nicht den Garten überrennen. Wenn sie zu vorwitzig werden, reiße ich einen Teil heraus, ganz vorsichtig, mit Lederhandschuhen und langen Ärmeln geschützt.

Unser Grundstück hat sich zwar immer noch nicht in einen Schmetterlingsgarten verwandelt, aber inzwischen sah ich doch mal das eine oder andere bunte Falterpärchen malerisch herumflattern. Vielleicht war es auf der Suche nach einem vertrauenerweckenden Ort für den Nachwuchs. Und wenn ich sehe, dass einige Blätter der Brennnesseln zerfressen sind, freue ich mich. Insektenfraß als Hoffnungsschimmer – alles eine Frage der Perspektive. **KS**

STECKBRIEFLICH GESUCHT: KANADISCHE GOLDRUTE
Herrscht Nationalismus im Staudenbeet?

Und was mache ich jetzt mit meiner Kanadischen Goldrute? Sie ist eindeutig nicht von hier. Muss sie weg? Ich habe
ein schlechtes Gewissen ihretwegen, schon länger, schöne
Selbsthilfegruppe eigentlich: Gärtnern mit schlechtem Gewissen.

Das Thema fiel mir auf in der Debatte um Schottergärten. Logisch, dass naturnahe Gartenberater dagegen
sind. Aber was soll stattdessen in die Vorgärten? Robuste
Gewächse, empfiehlt der Naturschutzbund Deutschland,
und vor allem: einheimische. Nicht die Zuwanderer, nicht
die Neophyten. Die Facebook-Seite »Gärten des Grauens«
aber, die schon länger die schönsten Schottergartenbilder
sammelt, spottete über »Nationalismus« im Naturschutz
und schloss das Posting zum Thema mit satirischem Gruß:
»Heil Kräuter!«

Einheimisch – was ist das eigentlich?

Ein Gang durch meinen Garten, mit einem schlauen
Buch in der Hand. Die Rosen sind ursprünglich aus Südost-
europa, viele Züchtungen allerdings aus China. Die Pfingst-
rosen auch. Die Kornelkirsche? In Süddeutschland zu Hause. Manche Astern nicht, das überrascht mich, sie stammen

aus Nordamerika. Die Buddleja, von Schmetterlingen umschwebt, ist Ostasiatin, genauso wie die Kartoffelrose, die Gelbrote Taglilie und der Cotoneaster. Die Vielblättrige Lupine ist nordamerikanischen Ursprungs, genauso wie die Selbstkletternde Jungfernrebe. Der Lavendel? Die Bienen umschwirren ihn. Er kommt aus dem Mittelmeerraum.

Archäophyten, dazu zählen in der Sprache der Biologen alle gebietsfremden Arten, die vor 1492 schon in unsere Breiten eingeführt wurden. Als Neophyt gilt alles, was nach Kolumbus' Amerikareise kam.

Meine Kanadische Goldrute kam vor 1650 nach Europa, aber nach 1492. Soll Kolumbus bestimmen, wer in meinen Garten darf?

Auch pflanzliche Zuwanderer, so lerne ich, werden in Kategorien unterteilt, die nach einem Konzept von Horst Seehofer und seiner CSU klingen: Sie haben einen »floristischen Status«, gelten beispielsweise als »lokal eingebürgert« oder »in Einbürgerung befindlich«. Und wenn sie Pech haben, werden sie als »invasiv« geführt.

Meine Kanadische Goldrute gehört dazu, sie wird sogar immer wieder zu den schlimmsten Neulingen gezählt. Zusammen mit dem kaukasischen Riesenbärenklau und dem japanischen Staudenknöterich bildet sie eine Art Trio infernal in Grün. Das saarländische Umweltministerium hat meiner Goldrute einen »Artensteckbrief« gewidmet, in seinem Kompendium »Gebietsfremde Arten in der heimischen Tier- und Pflanzenwelt« wurde sie auf eine schwarze Liste gesetzt, wegen »Gefährdung der Biodiversität«.

Meine Lorbeerkirsche, die zwischen Schlehe und Flieder wurzelt, kommt aus Kleinasien und steht auf einer grauen Liste, auf Bewährung sozusagen; mich stört sie inzwischen mit ihrem langweiligen Immergrün, und gleich fühlte ich mich wieder schuldig, als ich den Kommentar eines NABU-Mannes zur Lorbeerkirsche las: Den Vögeln bringt sie nichts, den Insekten auch nicht, »selbst eine Betonmauer« sei wertvoller, weil daran wenigstens Moos wachse, irgendwann. Die Lorbeerkirsche zu pflanzen – das sei »ein Verbrechen an der Natur«.

Hoppla. Die Verbrecherin dankt für den Hinweis. Er hat mir zu denken gegeben. Wer kam wann – ich habe keine Lust, mich auf diese Debatte einzulassen. Für mich zählt: Was gefällt uns, den Insekten, meinem Mitgärtner und mir? Wir Menschen schätzen die gefüllte Pfingstrose, die Insekten nicht; sie bleibt trotzdem. Buddleja, Kartoffelrose, Lavendel, Katzenminze – mögen wir alle. Die Kanadische Goldrute: Sie gefällt mir eigentlich gar nicht besonders. Aber die Insekten fliegen darauf. Sie bleibt. **BS**

BITTE KEIN PINK

Vom Versuch, Hortensien umzufärben

Im Grunde mag ich alle Farben, nur Rosa nicht so. »Prinzessin Lillifee« ist nicht mein Ding, Pippi Langstrumpf schon eher. Als mein Mann und ich in unser neues Zuhause zogen und endlich einen Garten hatten, präsentierte der sich vor allem: rosa.

An der Terrasse standen beispielsweise Strauchrosen, üppig, gesund – und babyrosa. Eine alte Clematis, die Wilden Malven, Stockrosen, alle ganz prächtig – und mehr oder weniger rosafarben. Gleich am Hauseingang stehen vier große Hortensien, im hinteren Garten noch einmal fünf bestimmt 1,70 Meter hohe Pflanzen, sie blühten bilderbuchmäßig, genau, rosa bis pink.

Ich verschenkte die Strauchrosen an eine Freundin, die Rosa liebt, und legte ein neues Beet mit Rosen in Orange an, meiner Lieblingsfarbe. Die grandiose alte Clematis ist eher weiß als Rosa, habe ich beschlossen. Was aber tun mit diesen sensationellen Hortensien?

Nur ganz kurz blitzte die Idee auf, sie auszubuddeln und stattdessen etwas anderes zu pflanzen. Zum Beispiel blaue Hortensien. Zum Glück beschäftigte ich mich dann mit dieser Pflanze, recherchierte im Internet, sprach mit einem Gärtner und erfuhr, dass Hortensien »umgefärbt«, also zur blauen Blüte gebracht werden können.

Das Hortensienblau beflügelt Gartengestalter seit Hunderten von Jahren; die ursprünglich vorwiegend aus Japan stammenden Sträucher gehören zu den Klassikern der europäischen Gartenkultur. Auch der Dichter Rainer Maria Rilke ließ sich inspirieren und schrieb das Gedicht »Blaue Hortensie« über die Farbe der Sehnsucht: ... *und man sieht ein rührend Blaues sich vor Grünem freuen.*

Bei meiner Recherche lernte ich: Aluminium sorgt in einem chemischen Prozess für das entsprechende Erscheinungsbild. Voraussetzung ist grundsätzlich ein niedriger pH-Wert des Bodens. Wenn ältere Pflanzen fortan blau blühen sollen, benötigen sie Spezialdünger aus Aluminiumsulfat. Also kaufte ich Hortensienblaudünger und begann vorschriftsgemäß im März, dieses Pulver auf meinen Hortensienbeeten zu verteilen. Vorschriftsgemäß heißt: Pulver ins Erdreich einbringen und angießen oder besser noch gleich ins Gießwasser geben. Für meine Verhältnisse war ich sehr ordentlich und gewissenhaft bei der Anwendung dieses Mittels, von dem ich mir mein blaues Wunder versprach.

Als sich im Juni die ersten Blüten zeigten, war ich enttäuscht: Nur wenig Blauanteil zeichnete sich ab, der üppigste Strauch blieb pinkfarben. Vielleicht lag das an dem trockenen Frühjahr? Ohne Wasser konnten die Pflanzen den Spezialdünger vielleicht nicht gut aufnehmen. Gießen tue ich die Sträucher eher selten, so wenig wie ich andere Stauden gieße. Wegen ihres großen Wasserbedarfs werden Hortensien von manchen Gärtnern heutzutage rundweg abgelehnt.

Geduld und Ausdauer sind ja die ersten und vielleicht wichtigsten Tugenden, die beim Gärtnern helfen. Das lernte ich auch dank meines Hortensienprojekts: Im zweiten Frühjahr düngte ich erneut, und es zeigte sich ein deutlicher Fortschritt. Die Blütenfarbe einiger Büsche erinnerte mich nun an meine Großmutter: Die verwendete Ende der Siebzigerjahre eine Zeit lang einen Haarfestiger, der ihren silbergrauen Schopf leicht lilafarben schimmern ließ.

Angespornt von diesem lila Hauch, investierte ich in weitere Blaudüngergaben – und erlebte im dritten Jahr den Durchbruch. Es gab dunkel- und helllila Blüten, wenig zart- und dunkelblau, dazwischen allerdings weiterhin rosa und pink. Es sah ehrlich gesagt ziemlich wild aus, psychedelisch geradezu. Die Woge sanftes Sehnsuchtsblau, die ich mir erhofft hatte, blieb aus.

Inzwischen habe ich mich entschlossen, die Farbe so zu mögen, wie sie kommt. Immerhin gab es im vierten Jahr eine relativ durchgehend blaue Hortensien-Ecke im hinteren Garten, die meinen Träumen recht nahekommt.

Aber nach wie vor steht dieser eine prächtige, unbeeindruckt pinkfarben blühende Strauch direkt am Eingang. Vor der Tür der Frau, die behauptet, Rosa nicht zu mögen.

Inzwischen habe ich herausgefunden: Es muss sich wohl um eine Hydrangea macrophylla 'Masja' handeln. Sie gehört zu den wenigen Sorten der Gattung, die nicht umzufärben sind. Vielleicht blüht der Busch vor meiner Tür aber gar nicht wirklich rosa. Vielleicht eher himbeerrot. Die Farbe finde ich gar nicht so schlecht. **KS**

Interview mit **HANS-DIETER WARDA**, *Landschaftsarchitekt, Baumexperte und Mitbegründer des Arboretums der Norddeutschen Gartenschau in Ellerhoop-Thiensen bei Hamburg, über den Zauber blauer Hortensien.*

»OHNE DAS SCHÖNE KANN DER MENSCH NICHT LEBEN.«

Herr Professor Warda, wie sind Sie zu Ihrem Fachgebiet der Dendrologie gekommen, also der Lehre von den Bäumen? Eine Zeit lang wollte ich Sänger werden, aber mein Vater meinte, dass sei doch eine unsichere Sache. Dann plante ich eine Laufbahn als Förster, ich liebte die Natur. Aber es gab damals keine Stellen, also begann ich erst mal eine Lehre in einer Baumschule. Und da war es um mich geschehen: Die Vielfalt der Pflanzen, der Bäume entfachte meine Leiden-schaft. Ich konnte gar nicht genug bekommen.

Sie studierten dann Landschaftsarchitektur, bauten den Botanischen Garten Hamburg mit auf, lehrten an der Fachhochschule Osnabrück. Parallel dazu arbeiteten Sie ehrenamtlich für das Arboretum der Norddeutschen Gartenschau hier in Ellerhoop-Thiensen, nordwestlich von Hamburg. Ein strammes Pensum. Ja, aber ich konnte meine gärtnerisch-botanischen Träume verwirklichen und machen, was ich wollte! Immer. Das Arboretum war und ist für mich ein Freilandlabor, in dem ich arbeite, forsche und gleichzeitig etwas Schönes schaffen kann. Ohne das Schöne kann der Mensch nicht leben.

Ihre Leidenschaft gilt der Vielfalt, sagen Sie. Trotzdem haben Sie Favoriten unter den Gehölzen: Hortensien. Warum? Es muss mit meiner Kindheit zusammenhängen. Ich erinnere mich an herrliche Ballhortensien, die am Haus standen. Der Anblick blauer Hortensien weckt heute nostalgische Gefühle bei mir. Sie sind so blütengewaltig, wunderbar, und dann das Blau! Blau ist meine Lieblingsfarbe.

Kommen blaue Blumen in der Natur seltener vor als beispielsweise rosafarbene? Ich würde sagen, ja.

Welche Grundvoraussetzungen benötigen Hortensien, um gut zu gedeihen? Lichtschattige bis halbschattige Standorte sind ideal. Volle Sonne mit eher trockenen Böden mögen sie nicht. Sie benötigen einen humosen, lockeren, nährstoffreichen Boden. Er sollte frisch bis feucht sein, aber keine Staunässe aufweisen. Bei einem pH-Wert des Bodens von 4,5 bis 6,5 entwickelt sich die blaue Farbe gut. Hortensien brauchen viel Wasser, das sagt ja schon ihr botanischer Name Hydrangea. Der stammt aus dem Griechischen,

»hydor« heißt Wasser, »angeion« bedeutet Gefäß. Hortensien sind sehr liebenswerte Säufer.

Es gibt einige Arten ... Es gibt mehr als 80 verschiedene Wildarten und darüber hinaus eine Unzahl von Kultursorten, die alle sehr unterschiedlich aussehen! Blüten, Blattwerk, Größe, Farben, alles anders – und manche bieten tolles Bienenfutter. Die werden geradezu zerpflückt von den Insekten, so verrückt sind die danach.

Aber nicht jede Hortensie ist gleichermaßen beliebt? Nein, die klassische Ballhortensie besitzt nur sogenannte Schaublüten, die sind nicht fertil und bilden keine Pollen, also kein Futter für Biene und Co.

Welche Sorten fliegen Insekten an? Geradezu ein Hummel- und Bienenmagnet ist die violette Samthortensie, die Hydrangea sargentiana oder die Hydrangea serrata 'Bluebird'. Beide haben schirmförmige, flache Blütenapparate, die in der Mitte kleine, fruchtbare Blüten, am Rand größere Schaublüten präsentieren. Im Volksmund werden diese Sorten auch Tellerhortensien genannt. Dann gibt es die Rispenhortensien, oft weiß, von denen manche einen zarten Duft verbreiten und ebenfalls fertile Blüten bilden.

Kann man alle diese Pflanzen zu einer blauen Blüte bringen? Nicht alle. Die aus Nordamerika stammenden weißen Schneeball-Hortensien oder die roten Hydrangea macrophylla 'Masja' werden nicht blau, egal wie viel Aluminiumsulfat Sie dem Boden zuführen. Aber gedüngt werden müssen diese Sorten auch; alle Hortensiensorten sind üppige Langzeitblüher, sie brauchen viele Nährstoffe.

Dann dürfen auch verschiedene Sorten zusammenstehen? Ja, sicherlich. Das macht die Optik doch auch spannend. Ich pflanze zum Beispiel gern eine niedrige Hydrangea serrata f. koreana in den Vordergrund, dazu höher wachsende Parsifal und dazwischen gern Chinesische Wiesenraute, Funkien, Doldenglockenblume, Waldstorchschnabel. So entsteht Bewegung. Zu blauen Hortensien sehen komplementärfarbige Lilien wunderbar aus.

Hortensien galten eine Zeit lang als altmodisch. Ja, aber ich glaube, wir steuern auf ein neues Hortensiengartenzeitalter zu. Die Liebe zum ländlichen Garten wächst wieder, und zu dem gehört die Hydrangea unbedingt dazu. Mehr Hortensien ist das Motto der Stunde.

Hier im Arboretum herrscht kein Mangel an Hortensien, die meisten sind blau. Ja, aber ich will das noch ausbauen. Ganze Wälder will ich schaffen, eine blaue Landschaft, ich will baden in diesem Blau.

Das Interview führte Katharina Stegelmann.

DER ROSENDIEB

Ist es Mundraub, wenn jemand Blumen klaut?

Ich bin stolz auf meine Rosen dieses Jahr, ich kann eigentlich nichts dafür, ein bisschen Schachtelhalmbrühe und Dünger im Frühjahr, sonst habe ich nichts Besonderes für sie getan. Also ist stolz eigentlich das falsche Wort, egal. Ich gieße sie fast nie. Die schaffen das, dachte ich, und weil das vergangene Jahr so trocken war, haben sie offenbar begriffen: tiefer. Wir müssen tiefer in die Erde mit den Wurzeln. Und das machen sie nun.

Ein Nachbar, der nicht mehr gut zu Fuß ist, schaut aus seinem Fenster direkt auf meine Rosen und sagt es mir immer wieder: »Sie sind so schön.« Das sind sie, aber eines Morgens beim Gang durch den Garten schaute ich dorthin, wo am Tag zuvor noch prächtige gelbe Rosen über der niedrigen Mauer am Trottoir geblüht hatten, und sah: abgeschnitten. Jede einzelne Blüte war weg. Mit Stiel. Seltsam.

Ein Mensch wünscht sich gelbe Rosen. Das spricht doch für ihn.

Aber es sind meine.

Aber vielleicht hat er sie gesehen, als er sie gerade brauchte.

Ein Rosennotstand?

Ich sah den Strauch näher an, es war ein scharfes Messer, das er benutzt hatte. Nein, eher eine Gartenschere. Die hat man nicht zufällig dabei. Man nimmt sie mit.

Aber vielleicht war es trotzdem ein Notstand.

Gelbe Rosen schenkt man nicht der Geliebten. Sondern der Mutter vielleicht, oder der Tante im Krankenhaus. Macht das die Sache besser oder schlechter?

Und was kränkt mich daran eigentlich so?

Wir haben früher Kirschen geklaut, freitags, nach dem Handballtraining, auf dem Weg nach Hause. Es gehörte dazu. Kirschen klauen, oder Äpfel, wer tat das nicht? Wir nannten es Mundraub.

Mundraub gibt es nicht mehr als juristische Kategorie, ich habe nachgeschaut. Zum 1. Januar 1975 wurde der Paragraf abgeschafft. Bis dahin war Mundraub ein juristisches Wort für die Entwendung von »Nahrungs- oder Genussmitteln« oder »Gegenständen des hauswirtschaftlichen Verbrauchs« in geringen Mengen. Die gewisse Milde, mit der dies geahndet wurde, ging auf Notzeiten zurück und auf die Bibel. Laut Bibel dürfte der Wanderer Trauben sammeln, bis er satt wäre, und Ähren abreißen – von Hand.

Die Rechtsordnung ist jetzt strenger, sie kennt auch den »Notdiebstahl«, den es früher gab, nicht mehr.

Ich würde es absurd finden, Anzeige zu erstatten. Aber ich bin beleidigt, verletzt.

Weil die Rose schön ist und man Menschen mit Sinn fürs Schöne gern eine schöne Gesinnung unterstellt?

Oder aus praktischen Gründen: Weil die Blüte bei mir an der Pflanze länger hält als beim Dieb in der Vase?

Oder weil ich die gelbe Rose geerbt habe, von der Schwiegermutter?

Ich denke mir, weil ich mich nicht mehr ärgern möchte, eine Geschichte zurecht. Eine Notbedarfsgeschichte.

Der Junge, sagen wir, 15 Jahre alt, der sich nicht traut, das interessante Mädchen anzusprechen. Der feststellt, dass es ja nicht nur Emojis gibt, sondern auch echte Blumen. Also Rosen. Rote Rosen? Wie peinlich, wenn sie dann nicht will. Er schleicht vorbei, immer wieder schleicht er vorbei. Besorgt sich eine scharfe Schere, läuft auf dem Trottoir, nachts, nur die Straßenlaterne leuchtet … Schick ihr einen Gruß von mir, Junge. Hoffentlich hat sie den Strauß genommen. Die Blüten wachsen schon nach. **BS**

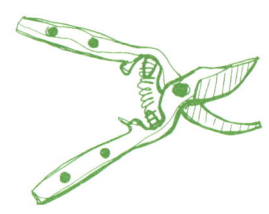

IM FRISCHEPARADIES
Tomatenliebe, ewiglich

Es gibt viele gute Gründe, einen Gemüsegarten zu kultivieren. Allein die Gesundheit: Alles kommt superfrisch auf den Tisch und ist biologisch-ökologisch einwandfrei, weil man weder Gift spritzt noch überdüngt. Und preiswerter als im Bioladen ist es noch dazu – wenn man die investierte Zeit nicht berechnet.

Der Gemüsegarten meiner Kindheit war gefühlt riesig, was geerntet wurde, fester Bestandteil des familiären Speiseplans. Auch heute noch bepflanzen meine Eltern eine kleine Fläche mit Kartoffeln, Zwiebeln, Radieschen, Möhren und Erbsen, und wenn ich sie während der Saison besuche, darf ich immer gleich probieren. Es gibt kaum etwas Köstlicheres als eine frisch aus der Erde gezogene Mohrrübe oder süße Erbsenschoten direkt vom Strauch in den Mund.

Es gibt aber auch Gründe, keinen Gemüsegarten anzulegen. Schließlich dauert es vom Saatkorn zur Delikatesse eine ganze Weile, man muss Unkraut jäten, Schnecken vertreiben, und gießen muss man auch. Und wenn dann ein später Frost kommt, war vielleicht alles umsonst.

Aus Scheu vor diesem Arbeitsaufwand und weil ich wenig Platz habe, gibt es in meinem Garten kein Gemüse. Aber ich habe ein kleines Substitutionsprogramm: Tomaten im Topf. Dabei ist es seit Jahren dasselbe – im Frühjahr werden sie gehätschelt, gegossen, gedüngt, an Stangen gebunden, sie blühen und wachsen – und wenn die Ernte ansteht, bin ich meist nicht da, sondern im Sommerurlaub. Gern in Italien, da sind die Tomaten auch nicht schlecht. Die zu Hause bekommt dann meine Nachbarin.

Warum ich es trotzdem tue? Weil ich eine ziemlich emotionale Beziehung zum Tomatenzüchten habe. Mein Vater zieht die Setzlinge selbst. Manchmal aus gekauftem Saatgut, manchmal aus Samen, die er von seinen eigenen Tomaten gewinnt. Zu Weihnachten schenke ich ihm gern ein paar Tütchen Samen alter Sorten.

Jahr für Jahr wird ab Februar ein Teil meines Elternhauses zur Tomatenzuchtanstalt. Meine Eltern hantieren mit Thermometern, tragen Schalen von einem Fenster zum anderen – manchmal mehrmals am Tag, damit die Sonneneinstrahlung optimal wirken kann. Sie pikieren, topfen um, tragen die Töpfe tagsüber an die frische Luft, abends wird alles wieder reingeschleppt. Ich gehe davon aus, dass mit den Pflanzen auch gesprochen wird.

Im Mai, nach den Eisheiligen, darf und soll der Tomatennachwuchs endgültig ins Freie. Drei Pflanzen reisen dann aus der Lüneburger Heide zu mir nach Hamburg, jede bekommt einen großen Topf und eine lange, gewundene Stange, denn Tomaten sind anlehnungsbedürftig. Essenziell ist das Dach überm Kopf, Wasser direkt aufs Blattwerk schätzen sie nicht, ansonsten wollen sie Wasser aber in rauen Mengen, ich gieße es immer in die Unterteller der Tontöpfe. Dünger ist auch notwendig, zum Beispiel eignet sich ein biologischer Universaldünger. Dann muss nur noch die Sonne scheinen, und die Miniplantage gedeiht.

Ab Anfang Juni zeigen sich die ersten zartgelben Blüten – und hoffentlich die ersten Hummeln, die bei der Bestäubung helfen. Tomaten können sich aber auch selbst – über den Wind – bestäuben, sie sind Zwitter. Die sogenannte Vibrationsbestäubung durch Hummeln gilt allerdings als effektiver, die Fruchtansätze werden besser.

Dann kommt der Augenblick der großen Freude, ein klein bisschen Stolz ist auch dabei, wenn die ersten winzigen Tomaten sich zeigen und täglich größer und langsam rot werden. Die erste wirklich reife Frucht kommt direkt in den Mund. Ja, das ist auch ein Grund, sich jedes Jahr wieder die Mühe zu machen: das Gefühl, tatsächlich etwas (mit) geschaffen zu haben, etwas Sinnvolles, Schmackhaftes, Schönes.

Am Anfang ihres europäischen Siegeszuges wurde die aus Südamerika stammende Tomate ausschließlich ihrer Ästhetik wegen geschätzt. Als Zierpflanze schmückte sie Gärten, die Früchte dienten auch im Haus der Dekoration. Sie galt als potenziell giftig. Tatsächlich enthalten die Blätter dieses Nachtschattengewächses, aber auch die unreifen Früchte, Stoffe, die toxische Wirkung entfalten und zu Verdauungsstörungen führen können. Eine andere Wirkung, die den perfekt roten Früchten mancherorts zugeschrieben wurde, ist romantischer: Der Verzehr sei aphrodisierend. Daher rühren wohl auch Namen wie »Paradeiser« (Österreich) oder »Pomme d'amour« (Frankreich).

In diesem Jahr hatte ich übrigens außer drei Rispentomaten auch zwei Gurkenpflanzen, nur mal so, als Experiment. Immerhin drei Gurken konnte ich ernten. Ach ja, eine Peperoni gab es auch, voll mit erst zartbitteren, dann höllisch scharfen Schoten. Vielleicht finde ich im nächsten Frühjahr doch noch ein bisschen Platz für ein Gemüsebeet im Garten. Radieschen kann man schon ab Juni ernten, da bin ich noch nicht verreist. **KS**

185 SCHNECKEN
Hilfe!

Noch nie war ich so nah an der konventionellen Landwirtschaft wie in diesen Tagen. Schnecken. Es hört nicht auf. Ich habe Knoblauchreste verteilt, es war den Schnecken egal. Chili mit Zimt und Gesteinsmehl, ein Tipp aus dem Fernsehen? Ich habe das Zeug auf die Erde gestreut und auf die Zucchiniblätter. Mitten in der Pflanze, das zarteste, frischeste, ja, nachfühlbar leckerste Blatt raspelnd, saß morgens, als ich nachschauen kam, eine Weinbergschnecke. Weinbergschnecken sind angeblich harmlos.

Angeblich fressen sie lieber Welkes als Frisches. Unsere nicht. Sie mögen frische, junge, saftige Zucchiniblätter und kleine, zarte Zucchini, falls sie überhaupt zulassen, dass welche entstehen. Ich setze immer drei Zucchinipflanzen, zwei fressen die Schnecken sofort, eine überlebt, dann setze ich wieder neue, die Schnecken warten nur darauf. Lecker.

Die Weinbergschnecken – dass sie die Eier anderer, fieserer Schnecken fressen würden, ist ein Mythos, sagt die Fachdiskussion.

»Wir könnten sie essen«, sagte mein Mitgärtner. Schnecken in Knoblauchbutter: So etwas interessiert ihn.

Könnten wir nicht. Sie sind ja heutzutage geschützt.

Sie züchten, ja, das könnten wir. Die Weinbergschnecken akzeptieren, füttern, versorgen. Und dann zweimal im Jahr ernten, in einen kühlen Keller legen, bis sie schlafen, dann ins kochende Wasser für zehn Minuten, dann entschleimen und den Eingeweidesack entfernen und dann noch einmal drei Stunden im Gemüse- oder Weinfond köcheln, bevor man sie endlich essen kann.

Will man das?

Will man nicht.

Ich mache Schneckenweitwurf mit den Weinberg-schnecken (bis ans Ende unseres Geländes, zum Nachbarn werfen mag alte Praxis sein, gehört sich aber nicht), und die nackten, die zertrete ich. Was sonst? Schneckenkorn? Nein. Ich beherrsche mich.

Durchschneiden? Geht schnell, quillt hässlich auf, und tatsächlich kommen immer lebende, um die Toten zu … was eigentlich? Beschauen, betrauern? Nein, sie fressen sie. Ek-lig ist es auf jeden Fall.

Die Schwiegermutter hat früher Buch geführt, über diesen Garten, in dem wir jetzt denselben Kampf kämp-fen. Ihre Zahlen: 140, 185, 220. So viele Schnecken hat sie an manchen Tagen erledigt, das tapfere Schneiderlein mit seinen Fliegen ist nichts dagegen. Sie nahm sie mit der Hand, auch die Nacktschnecken, und warf sie in Salzwas-serlösung, es gab ein Schneckengrab hinter der Hecke, das wir später fanden. Sie entwickelte grimmigen Ehrgeiz und war der Meinung, sie höre die Schnecken pfeifen, wenn sie morgens kam. Aus Angst.

In den Gartensendungen im Fernsehen, mit all den Tipps, wie man Schnecken finden kann (legen Sie ein Brett aus! Darunter sammeln sie sich!), wird immer schamhaft verschwiegen, was man mit ihnen machen soll, wenn man sie denn hat.

Mein Vater, in seinem Schrebergarten, dachte human. Er stellte Bierfallen auf (die auch umstritten sind, vielleicht locken sie die Schnecken ja nur an, sagen Fachdiskussionen, aber egal). Der Erfolg war so mittel.

Und dann gab es eine Werbeaktion einer Stuttgarter Bierbrauerei, man sollte dichten, warum ihr Bier das beste sei. Mein Vater dichtete über Schneckenfallen. Das Bier sei überzeugend, schrieb er, für Menschen und für Kriechtiere auch. Das Gedicht war bemerkenswert, fand ich.

Ich bin heute noch böse auf die Brauerei. Er bekam nicht einmal als Trostpreis einen Kasten Bier. **BS**

AUGE UM AUGE

Selbstverteidigung mit Schneckenkorn.
Darf man das?

Der Dalai Lama hat mal gesagt, Mücken würden ihn regelmäßig aus der Fassung bringen; bei nächtlichem Mückengesumme verliere er die Geduld. Weil der Buddhist keine Lebewesen töten darf, versuche er, sie zu verscheuchen – meist vergeblich. In welche Zustände würde der Mönch wohl geraten, hätte er einen Garten, der von Nacktschnecken attackiert wird?

Ich bin weder Buddhistin, noch hänge ich einer anderen Religion an. Angesichts der Gemeinen Wegschnecke und einiger ihrer Verwandten verspüre ich allerdings archaische Regungen: Was du meinen Glockenblumen, Funkien, Lupinen antust, das tue ich auch dir an. Nein, ich esse sie nicht, keine Sorge. Aber ich töte sie. Ja, ich gestehe.

Schnecken wissen, was gut ist, sie bevorzugen die Jungtriebe. Im Jahr 2021 war die Wetterlage in Hamburg zunächst nicht sehr günstig für die Weichtiere, Kälte und Trockenheit verzögerten das Schlüpfen der Brut. Doch dann: Wärme, Regen – Schnecken in rauen Mengen. Die im Herbst gepflanzten Glockenblumen hatten gar keine Chance, Gerippe waren alles, was ich davon zu sehen bekam. Die Lupine war schon ziemlich groß, als die offenbar sehr hungrigen Tiere ihre Invasion starteten. Sie durfte blühen, inzwischen sind alle Blätter weggefressen.

In diesem Jahr habe ich außer den Tomatenpflanzen aus väterlicher Zucht Rucola, Möhren und Zucchini angebaut. Aus Samenkörnern die Pflanzen herangezogen, sie gedüngt, in großen Töpfen gedeihen, blühen, Früchte tragen lassen. Als ich die erste Schnecke auf einer Zucchini entdeckte, war ich außer mir. Auch die Attacken gegen meinen Sonnenhut, der noch im Werden war, beobachtete ich mit wachsender Unruhe. Die jungen, neuen Blätter hatten Löcher, sobald sie für mich sichtbar waren.

Um die Blüten zu schützen, griff ich zur Chemiekeule: Schneckenkorn. Recht erfolgreich, der Sonnenhut ist leicht lädiert, blüht aber trotzdem. Trotz vielerlei angeblicher Anti-Schnecken-Pflanzen (Ziersalbei hat überhaupt nicht funktioniert, sondern wurde mitvertilgt), Kaffeesatz und Aufsammeln kam ich ohne chemische Hilfe nicht an gegen die Massen.

Das Aufsammeln ist so eine Sache. Wohin mit den schleimigen Teilen? Ich tue, was meine Oma schon tat. Es ist nicht schön. Die Methode involviert Handschuhe, ein altes Marmeladenglas mit Deckel und Salzlösung. Das Zerschneiden der braunen Überlebenskünstler ist auch nicht viel schöner, gilt aber als akzeptabel und wird recht häufig praktiziert, aber aufgepasst: Die Leichenteile ziehen weitere Schnecken an, die fressen die Reste.

Von manchen Naturliebhabern wird ja propagiert, die Tiere den Gefriertod sterben zu lassen, das sei die natürlichste Todesart. Aber ehrlich: Ich möchte sie nicht in meinem Gefrierfach haben. Und extra eine Tiefkühltruhe nur für Schnecken scheint mir mindestens seltsam. Außerdem können die Viecher offenbar sehr lange in Kältestarre ausharren, aufgetaut wollen sie wieder loskriechen.

Es gibt nur eine Art von Schneckenkorn, das vertretbar ist. Es beinhaltet Eisen-III-Phosphat, ist offiziell in der ökologischen Landwirtschaft zugelassen und findet auch unter den strengen Richtlinien der Verbände von Demeter oder Bioland Anwendung. Die Schnecke stellt das Fressen ein, zieht sich in ein Versteck zurück und verendet. Es soll keine Schadwirkung auf Igel, Störche, andere potenzielle Schneckenvertilger oder sonstige Nützlinge haben. Mittel mit dem Wirkstoff Metaldehyd hingegen sind unbedingt zu meiden, es wird ausdrücklich vor Folgen für Hund und Katze gewarnt.

Das Beste wäre natürlich, die gefräßigen Schleimer kämen gar nicht erst in den Garten. Die meisten Tipps laufen darauf hinaus, sie fernzuhalten oder ihnen das Leben (und Fressen) schwer zu machen. Das soll zum Beispiel gelingen mit Barrierepflanzungen aus Lavendel ums Gemüse herum oder ausschließlich punktueller Bewässerung, die nicht abends stattfinden darf, denn die Viecher sind vor allem dämmerungsaktiv. Mulch gilt als potenzielles Versteck und soll daher nicht zum Einsatz kommen.

Auch ich würde lieber auf Gift verzichten, denn ganz ohne Nebenwirkungen ist Eisenphosphat-Schneckenkorn natürlich nicht. Es macht keinen Unterschied zwischen bösen und guten Schnecken: Auch die mit Haus verenden, dabei fressen die eher kein frisches Grün, sondern lieber

Pflanzenreste oder Aas. Auch deswegen bin ich sehr froh, jetzt gelernt zu haben, dass Indische Laufenten nicht die einzigen Tiere der Welt sind, die Nacktschnecken verputzen, wie ich sehr lange dachte.

Einen Storch habe ich zwar noch nicht bei uns im Beet gesichtet, aber ein Igel ist bei uns zu Hause. Er sieht recht wohlgenährt aus. Vielleicht holt er noch ein paar Brüder und Schwestern zur Schneckenjagd im nächsten Jahr, das wäre großartig. Oder ich organisiere ein paar Tigerschnegel. Sie werden als Nützlinge angepriesen, denn die unbeliebten Nacktschnecken und deren Gelege sollen zu den Lieblingsspeisen des Tigerschnegels gehören. Leider vermehren sie sich sehr viel langsamer als meine Feinde; eine endgültige Vertreibung der fiesen Fresser scheint nicht in Sicht. **KS**

BETONKÖPFE

Warum wir Kleingärtner
die Welt retten sollen

Neulich, kurz nachdem auf fruchtbarem Bauernland noch
ein Gewerbepark ausgewiesen worden war, obwohl die Ar-
beitskräfte hier jetzt schon knapp sind, kurz nachdem im
hochwassergefährdeten Gebiet noch eine Neubausiedlung
genehmigt wurde und nachdem bekannt wurde, dass eine
seit Generationen bei Kindern und Bienen beliebte Dorfkas-
tanie fallen soll, weil sie einen Gebrauchtwagenhandel stört,
kurz nach diesen aktuellen Ereignissen bei uns in einer
ziemlich verbauten Gegend auf der Schwäbischen Alb, da
kam vom Rathaus ein Geschenk.

Ein Tütchen Wildblumensamen. Eines für jeden Haus-
halt. Es gehe ums Wachrütteln, sagte der Bürgermeister
in einer Pressekonferenz. Um die Artenvielfalt. Um die In-
sektenrettung. Wir sollen es richten. Dies, so habe ich es
verstanden, ist seine Vorstellung von Arbeitsteilung: Wir
sorgen für die Insekten. Er sorgt für den Beton.

Ich schüttelte mich kurz, dann war ich wach. Ich versuchte, das Gewerbegebiet zu vergessen und den Beton und
hatte einen kleinen missionarischen Anfall, ja, dachte ich,
ja, ich werde es tun, ich werde den Klimawandel bekämp-
fen, ja! Nicht nur in meinem Garten! Ich werde hinaus durch
die Vorstädte ziehen, ich werde Insekten preisen, und ich

werde Menschen schmähen, die ihren Rasen sprengen, ich werde wider die Schottergärten predigen, in der Hitze der Nacht, werde ich sagen, werdet ihr um Kühlung winseln, aber da ist nichts, nur die Hitze vom Tag, die euch der Vorgarten nachts zurückgibt, und wenn der erste Löwenzahn euer Unkrautvlies durchbricht, dann werdet ihr sehen, ihr habt verloren. Ich werde …

Ich werde mich jetzt mal beruhigen und gelassen darüber nachdenken, was ich in meinem Garten wegen des Klimawandels und gegen den Klimawandel unternehmen kann.

Natürlich habe ich nichts dagegen, als Privatmensch eher Teil der Lösung zu sein als Teil des Problems, absolut nicht. Wogegen ich etwas habe: wenn die Politik versagt und sich hinter privatem Handeln versteckt.

Wir sollen es also richten. Das werden wir nicht, aber ich habe mich schon daran gewöhnt, dass bei mir im Garten nicht nur Giersch, Lavendel und Holunder wachsen, sondern auch Überbau: Wir garteln nicht einfach nur, unser Auftrag ist die bessere Welt.

Also gut. Ich werde mein Bestes geben.

Was kann ich tun?

Meine Schwiegermutter, von der wir den Garten übernahmen, schleppte an heißen Abenden 60 Gießkannen à zehn Liter in die Gemüsebeete und zu den Blumen. Jedem Bewässerungssystem hat sie sich widersetzt.

Mein Mitgärtner und ich denken anders. Wir haben uns von einer ihrer Vorlieben sehr schnell, schon aus Faulheit, distanziert: Sie wollte fruchtbare Erde sehen, zwischen den Rosen im Vorgarten zum Beispiel. Wir haben uns an Bodendecker gewöhnt, zwischen den Rosen kamen sie von selbst: Walderdbeeren. Die Rosen stört das nicht, es funktioniert.

Wir sprengen den Rasen nicht, nie, was für Diskussionsstoff sorgt mit dem freundlichen Nachbarn, der nach dem Garten schaut, wenn wir nicht da sind. Er will dem Gras immer Wasser geben, ihn dauert es, wenn's gelb wird, ich fürchte, dass er es heimlich macht. Auf jeden Fall missionieren wir nun doch so ein bisschen in der Umgebung, seit wir festgestellt haben: Es stimmt, ein kurzer Rasen ist ein trockener Rasen. Wo man ihn länger lässt, ist er länger feucht.

Wir wollen keine Säufer-Pflanzen, keine Hortensien, keine Fichten. Wir gießen wenig, und ich sah mich darin bestätigt, als ich eine pensionierte Lehrerin kürzlich sagen hörte, dass sie ihr Grünzeug erziehe. Sie gebe wenig Wasser, damit die Pflanzen ihre Wurzeln nach unten schicken und nicht flach unter der Erdoberfläche verteilen. Sie sollen sich nicht daran gewöhnen, dass es dauernd etwas gibt. Ich wäre mal beinahe Lehrerin geworden und kann mich anfreunden mit dem Konzept. Schlimmer als renitente Achtklässler werden meine Rosen und meine Tomaten ja wohl auch nicht sein.

Natürlich sammeln wir Regenwasser. Dass es gut für die Pflanzen ist, wussten Väter, Mütter, Großmütter und Großväter und alle davor. Aber dass es auch fürs Klima besser ist, wenn das Regenwasser nicht über versiegelten

Boden in die Kanalisation rauscht, sondern Pflanzen wachsen lässt, das bespricht man erst heute.

Dass kein Gift in unseren Garten gehört, war schnell klar. Anderes bedachten wir erst nicht. Unsere Terrasse könnte kleiner sein, könnte weniger Boden versiegeln, und mit diesem Gedanken bin ich wieder im Gewerbegebiet.

Man kann Gewerbegebiete nicht abschaffen, das behaupte ich auch gar nicht. Aber man kann sie auf die Flächen beschränken, wo man sie wirklich braucht. Und nicht überall dort wuchern lassen, wo Gemeinden einander niederkonkurrieren, hinterher sitzen sie da mit zerstörter Natur, und die Unternehmen ziehen weiter, weil es anderswo doch noch ein klein wenig billiger ist. Man könnte übrigens auch mehr Grün vorschreiben, auch in Gewerbegebieten. Mehr Bäume. Grüne Dächer. Weniger Parkplätze, und einen Nahverkehr schaffen, der so gut ist, dass die Leute gern damit fahren.

Ich würde gern den Bürgermeister wach rütteln, denke ich und sitze im Regen und freue mich darüber, das ist ja einer der Vorteile am Garteln. Alles wächst. Nur die Wildblumenmischung aus dem Rathaus leider nicht. **BS**

DIE IM DUNKELN

Was im Schattengarten (nicht) wächst

Der Duft von Rosmarin und Lavendel sollte den Garten erfüllen. Das war von Anfang an klar, als wir begannen, unser neues Zuhause in Besitz zu nehmen. Der Lavendel sollte in Kübeln auf der Terrasse stehen, der Rosmarin als kleine Hecke im Beet. Abends würde man auf mit üppigen Büschen gesäumten Wegen herumschlendern und im Vorbeigehen ein paar aromatische Nadeln pflücken, ohne sich bücken zu müssen.

Rosmarin ist ein immergrüner Halbstrauch. Er stammt aus dem Mittelmeerraum, er mag es warm, sonnig und trocken. Minustemperaturen, kalte Winde, zu viel Nässe mag er nicht. Wir leben in Hamburg.

Auf dem Balkon hatte ich schon Rosmarin über den Winter gebracht, also ignorierte ich die klimatischen Gegebenheiten und kaufte voller Hoffnung fünf Pflanzen. Sie waren vielleicht 20 Zentimeter hoch. Groß werden sie ja von allein. Dachte ich.

Ich platzierte die Pflanzen vor einer alten Efeuwand am Wegesrand, sie bekamen so viel Sonne, wie der Ort und der Sommer hergaben, und so wenig Wasser wie möglich. Letzteres hatte ich natürlich nur bedingt unter Kontrolle: Wenn es regnet in Hamburg, dann regnet es. Der Rosmarin machte einen gesunden Eindruck, und wenn wir uns hinhockten, konnten wir ein paar Nadeln abknipsen, reiben und den Duft genießen.

Der Winter kam. Drei von fünf Pflanzen überlebten. Immerhin. Ich war nicht gewillt aufzugeben und pflanzte neu. Es regnete, die Pflanzen hielten sich so lala, größer wurden sie nicht. Der nächste Winter kam. Drei von fünf Pflanzen starben. Die anderen beiden sahen struppig aus, ins Kahle spielend. Eine Hecke war das nicht.

Ich schnitt zurück, ich sprach begütigende Worte, ich düngte. Es half nichts. Die beiden Überlebenden waren zu geschwächt, ich verlor auch sie. Der Platz, so musste ich mir eingestehen, war einfach nicht der richtige. Abgesehen davon, dass wir nicht am Mittelmeer leben, meine ich. Um die Wahrheit zu sagen: Der Rosmarin stand im Winter in einer Art Eiswindkanal. Im Sommer stand er im oft feuchten Boden, der einen hohen Lehmanteil hat. Einige Pflanzen schätzen das. Der Rosmarin gehört nicht dazu. Und die Sonneneinstrahlung war selbst für Hamburger Verhältnisse unterdurchschnittlich: Der für die Rosmarinhecke auserkorene Platz liegt mehr als die Hälfte des Tages im Schatten.

Die Auswahl an Pflanzen, die im Halbschatten gedeihen, ist riesig. Einer meiner Favoriten ist die Herbstanemone »Andrea Atkinson« (Anemone japonica). Der sommergrüne Knotige Bergwald-Storchschnabel (Geranium nodosum) und der heimische Waldmeister mögen es ebenfalls gern schattig.

Mit dem Rosmarin startete ich an anderer Stelle noch einen Versuch. Weniger Wind, weniger Lehmgehalt im Boden. Etwas mehr Sonne. Weitere 30 Euro und einen Winter später gab ich mich geschlagen: Der Traum von der Rosmarinhecke war ausgeträumt.

Vor der alten Efeuwand stehen jetzt ein weißes Tränendes Herz, tiefblaue Akelei, leuchtend gelbe Golderdbeeren, weiß blühende Wilderdbeeren, Farn, zwei Funkien, Frauenmantel, immergrünes Vinca minor und etwas Malvenartiges, das ganz von allein seinen Weg in unseren Garten gefunden hat. All diese Pflanzen scheinen dem schattigen, zugigen, nassen Ort etwas abzugewinnen.

Und auch zu meinem Rosmarin kam ich noch: Im Gartencenter kaufte ich einen ordentlichen Busch, der in einem großen Kübel geschützt auf der Terrasse steht. Nicht dasselbe wie eine Hecke, aber man muss sich nicht bücken, wenn man einen Zweig pflücken will. Und er steht auch viel näher bei der Küche, sodass das Kraut schneller greifbar ist.

Vermutlich sehnt sich auch dieser Rosmarin heimlich nach Italien. Aber zwei Winter hat er schon überlebt. **KS**

MATINA BUTTJES, *60, lernte den Gärtnerberuf in einer Baumschule, bevor sie Landespflege in Osnabrück studierte. Seit 1984 arbeitet sie im Botanischen Garten Hamburg, heute ist sie verantwortlich für die Gestaltung eines drei Hektar großen Bereichs. Nebenberuflich berät sie Privatgartenbesitzer.*

»ERST MAL BEOBACHTEN, DANN ENTSCHEIDEN«

Interview mit Gartenexpertin Matina Buttjes über Problemgärten

Stellen Sie sich vor, Sie sollen den vernachlässigten Vorgarten einer Erdgeschosswohnung in Hamburg oder Berlin gestalten. Wie gehen Sie vor? Zunächst muss ich die Gegebenheiten erfassen: Wie groß ist die Fläche, wann scheint wohin die Sonne, ist der Boden sandig oder frisch? Privatleuten, die einen neuen Garten haben, empfehle ich immer, erst mal ein Jahr dort zu wohnen, alles genau zu beobachten und dann zu entscheiden.

Zeichnen Sie einen Plan, schreiben Sie Listen? Wenn ich geklärt habe, was ich will, ist es sehr wichtig, eine Skizze zu zeichnen. Grundsätzlich muss ich entscheiden, ob der Garten eher repräsentativen Charakter haben oder naturnah sein soll. Ein städtischer Vorgarten muss auf jeden Fall robust sein, wenn da mal ein Hund durchläuft, darf das kein Drama sein.

Woran sollte man noch denken? Erfahrungsgemäß sind solche Bereiche eher schattig, die Pflanzen müssen also mit wenig Sonne zurechtkommen. Vielleicht möchte ich auch einen kleinen Sitzplatz, benötige Sichtschutz. Dann muss ich darüber nachdenken, welche Materialien ich verwenden möchte. Die Frage, wie viel Zeit ich in die Pflege investieren will, muss auch geklärt werden. Ganz ohne Pflege geht es nämlich in keinem Fall.

Was sind also die wichtigsten Kriterien bei der Auswahl einer Pflanze für meinen Garten?
Die Standortfaktoren Boden, Belichtung, Windeinfluss sind elementar, um ein gutes Ergebnis zu erzielen.

Gibt es denn überhaupt schön blühende Pflanzen für einen schattigen Stadtgarten? Innenhöfe sind ja meist auch eher dunkel. Aber sicher! Es gibt ganz wunderbare Gehölze und Stauden für diese Gegebenheiten. Rhododendren oder Funkien zum Beispiel. Als Bodendecker nehme ich gern Golderdbeeren, die haben wunderhübsche gelbe Blüten, sind sehr robust und wintergrün.

Außer den Lichtverhältnissen ist vor allem die Bodenbeschaffenheit von großer Bedeutung.
Richtig. Sie werden eine Sumpfdotterblume, die in einem feuchten Milieu heimisch ist, kaum in einem sandigen, trockenen Boden ansiedeln können.

Dann heißt erfolgreich gärtnern, verzichten lernen? Bis zu einem gewissen Grad kann man auch tricksen. Sie können einen kleinen Bereich des Bodens austauschen und statt eines sandigen ein lehmiges Substrat einbringen. Das machen wir hier im Botanischen Garten in großem Stil, sonst könnten wir die verschiedenen Vegetationszonen von Steppe bis Sumpf nicht darstellen.

Aber wenn mir das zu aufwendig ist, habe ich Pech gehabt? Nein, so radikal würde ich das nicht sagen. Es gibt ja Pflanzen mit einer breiten Standortamplitude. Sie tolerieren von ihrem Idealhabitat abweichende Standortfaktoren. Je toleranter sie sich verhalten, desto breiter ist diese Amplitude, sagt der Botaniker.

Können Sie ein Beispiel nennen? Die Wieseniris etwa kommt in der Natur vorwiegend in Feuchtgebieten vor. Sie gedeiht aber auch im normalen Gartenbeet und kann sogar Trockenperioden verkraften, sowohl sonnige als auch schattige Lagen sind ihr recht, sie ist genau wie die Taglilie sehr flexibel.

Haben Sie einen grundsätzlichen Tipp zur optischen Gestaltung eines Gartens? Ich folge dem Prinzip »Weniger ist mehr«, nehme lieber drei Pflanzen einer Art als drei verschiedene, damit das

Gesamtbild nicht zu chaotisch wird. Für mich soll der Garten ein Ort der Ruhe und des Wohlfühlens sein.

Das Interview führte Katharina Stegelmann.

GENDER TROUBLE
Weiblich, männlich, divers und irgendwas dazwischen

In meine Wildhecke habe ich auch einen Sanddorn gesetzt, das war eine blöde Idee. Eine Sandornin war es, weiblich, voller orangefarbener Früchte im ersten Jahr, aber im zweiten hing dann gar nichts dran, denn: Ein Sanddornstrauch ist männlich oder weiblich, dazwischen gibt es nichts. Das weiß ich jetzt. Ich will nicht rumheulen, aber eigentlich hätte mir das jemand sagen können, im Gartencenter, als ich mit meiner Sanddornin zur Kasse ging.

Ich suchte mir also eine Gärtnerei, ich sagte, ich wolle einen männlichen Sanddorn. Ratlosigkeit, längeres Suchen, dann kam die Gartenberaterin mit einem an, der laut Etikett männlich sei.

Ist er aber nicht. Er hat jetzt orangefarbene Früchte.

Ich habe mich daraufhin mit der geschlechtlichen Vermehrung im Garten beschäftigt, in Botanikbüchern und auf schlauen Webseiten, das Bio-Abi ist leider lange her.

Will man das alles wissen? Ich wollte: Eine Pflanze kann »zweihäusig« sein, dann gibt es männliche oder weibliche Exemplare und nichts dazwischen, wie beim Sanddorn. Oder »einhäusig«, dann hat sie beides, männliche und weibliche Blüten, wie meine Haselnuss und die Zucchini. Oder es ist noch komplizierter, wie bei der Eibe: Es gibt männliche Eiben und weibliche und solche, die beides sind. Divers.

Viele Obstbäume wiederum haben Blüten, die gleichzeitig männlich und weiblich sind, aber auch das macht die Sache nicht einfacher. Manche von ihnen sind »selbstfruchtend«, kommen also allein klar, wie die meisten Sauerkirschen, Reneklonden und Zwetschgen. Andere, zum Beispiel Äpfel, Birnen und viele Süßkirschen, brauchen fremden Pollen, also eine »Befruchtersorte« in der Nähe.

Ich ging mit diesen Erkenntnissen durch den Garten, den wir übernommen haben, und stellte wieder einmal verblüfft fest, dass die Schwiegermutter alles richtig gemacht hat (manches vielleicht auch der Schwiegervater): Da stehen zwei Süßkirschen, nur eine Sauerkirsche. Da stehen Äpfel und Birnen aller Art.

Gender Trouble im Garten: Es ist tatsächlich kompliziert, das war auch schon in der Zeit der Schwiegereltern so. Der Schwiegervater wollte es technisch pragmatisch, mit der Spritze, mit den Produkten der chemischen Industrie. Er war affirmativer Vertreter jener Generation, die im Spritznebel stand, es ging schließlich um Ertrag. Die Schwiegermutter hat es hingenommen, aber als sie dann das Sagen hatte, kam keine Chemie mehr ins Beet. Jedes Unkraut hat sie einzeln rausgezupft, nie wäre sie auf die Idee gekommen: Das sprüh ich weg.

Brutale Chemie im Garten gehört sich nicht mehr, aber Technik natürlich, und sieht man die Gartensendungen im Fernsehen, dann ist das fast immer so: Ein Paar ist zu besichtigen in seinem üppigen Grün. Sie bestimmt, was wo wachsen und wie es aussehen muss, und macht dann gern noch irgendwas mit Kunst. Er bedient die Maschinen. Als ob das genetisch wäre. Nur bei schwulen Paaren ist es ein bisschen interessanter. Lesbische Paare im Grün sieht man in diesen Berichten selten, warum eigentlich?

Gender Trouble. Mir fällt die Baumschule ein, bei der ich meine ersten Heckensträucher bezogen habe. Er fuhr gern mit Kunden beziehungsweise mit Kundinnen im Elektro-gefährt übers Gelände, sie machte mehr das Büro. Ich kauf-te viel. Dann machte ich mir Sorgen um die Hängebuche, schickte beunruhigte Mails und Fotos. Und bekam Antwort, von ihr: Herr X werde nicht mehr antworten, er sei nicht mehr befugt, für die Baumschule zu agieren.

Ich hatte dort dann nur noch mit Frauen zu tun.

Sie waren einhäusig gewesen in dieser Baumschule, ein männlich-weiblicher Arbeitsorganismus. Mit der Zwei-häusigkeit, in diesem Fall rein weiblich, kamen sie offenbar besser klar. **BS**

EIN HOCH AUF DIE HECKE
Die schönsten Zäune sind grün

Was macht einen Garten zum Garten? Blumen, Gemüse, Grünfläche, ja, aber ohne die Abgrenzung zum Außen gibt es keinen Raum, der genutzt und gestaltet werden kann; der Garten als privater Ort schließt das öffentliche Leben aus. Im Lexikon heißt es: »Garten, ursprünglich das durch Zäune aus Gerten vor der umgebenden Wildnis eingehegte und bestellte Land.« Und Hecken sind die schönsten Zäune, finde ich.

Sie schützen vor Eindringlingen und vor ungebetenen Blicken, sie sind ästhetisch wirkungsvoll und bilden eine eigene Welt: Hecken bieten unzähligen Tieren Unterschlupf, vom Insekt über den Vogel bis zum Säugetier. Nicht nur Amseln brüten dort gern; eine Efeuhecke bietet Bienen noch spät im Jahr Futter, weil das Immergrün erst ab September bis in den Oktober blüht, wenn viele Pflanzen bereits abgeblüht sind. Und Igel heißen im Englischen nicht umsonst Hedgehog, Heckenschwein: Sie lieben Hecken.

In der Vergangenheit waren dornenbewehrte Büsche sehr beliebt für die Heckenanlage: Weißdorn und Heckenrose zählen dazu. Eine Mischung daraus erzielt NATO-Draht-Qualitäten. Wie unüberwindbar Dornenhecken sein können, mussten schon die Prinzen, die Dornröschen retten wollten, schmerzhaft erfahren. Ohne Zauberei ist da kein

Durchkommen. Dornige Gehölze, gemischt mit ineinandergeflochtenen Ästen von Hainbuche oder Hasel, können einen nahezu undurchdringlichen Wall bilden, der sogar gegen Wölfe wirksam sein soll.

Wenn man liebestrunkene Jungmänner, böse Buben oder wilde Tiere vom Eindringen aufs eigene Grundstück abhalten will, weil man zum Beispiel in einer sehr abgelegenen Gegend wohnt, dann empfiehlt sich vielleicht eine Hecke der ganz konservativen Art. Aber für Stadtbewohner, denen Hecken vor allem als Grundstücksmarkierung und Sichtschutz dienen, sind zartere Heckenpflanzen völlig ausreichend. Ich persönlich halte gar nichts von Dorngewächsen in der Hecke (oder sonst wo im Garten) – zu schmerzhaft, zu hinterlistig. Mir reichen die widerhakigen Abfälle, die auf unsere Beete fallen, wenn der Nachbar einen Busch an unserer Grundstücksgrenze schneidet, den wir nur den Gefängnisstrauch nennen.

Mischhecken sind ökologisch vielleicht am wertvollsten, weil die verschiedenen Sträucher zu unterschiedlichen Zeiten blühen und die Anlage so lange als Insektenrestaurant funktioniert. Sie benötigen allerdings ziemlich viel Platz (drei bis vier Meter Wuchsbreite), und sie zu pflegen bedeutet auch etwas mehr Aufwand als zum Beispiel eine Buchenhecke. Mein Garten wird nach vorne von einer abgegrenzt, sie wird nur einmal im Jahr leicht gestutzt.

Es gibt Leute, die finden, Hecken seien generell zu arbeitsintensiv. Dabei kommt es auf das gewünschte Ergebnis an. Wenn man ein abgezirkeltes Heckenlabyrinth erhalten möchte, muss man sehr viel daran arbeiten, schneiden, stutzen. Aber einen Zaun muss man ja auch pflegen. Ist er aus Holz, benötigt er hin und wieder einen Anstrich, ist er aus Draht, müssen Teile regelmäßig erneuert werden. Gut, man kann sich etwas Verzinktes hinstellen, das bedarf dann weniger Pflege. Außerdem entfällt beim Stahlzaun die Sichtschutzfunktion. Ich bleibe dabei: Die schönsten Zäune sind grün und lebendig.

Meinen kleinen Garten schmücken und schützen dreierlei Hecken: die Buchenhecke, eine Hecke aus Lorbeerkirsche und eine Efeuwand, die einen Holzsichtschutz begrünt. Um es ganz deutlich zu sagen: Ich lasse schneiden. Weder mein Mann noch ich haben den Ehrgeiz, mit einer Heckenschere, die auch als Mordinstrument taugen würde, auf einer drei Meter hohen Leiter zu balancieren. Von der Mühe, das Schnittgut zu entsorgen, ganz abgesehen.

Wenn sich im Frühjahr das zarte Grün der Buche zeigt, ist der winterlich braune Anblick gleich vergessen. Die Hecke ist sehr alt und breit, wirklich kahl sind die Äste nur für kurze Zeit, die letzten trockenen Blätter werden erst von den frischen verdrängt. Bis Ende Juli lassen wir alle Hecken völlig in Ruhe, dann werden überstehende Zweige gekappt.

Ein starker Rückschnitt von Hecken und Gehölzen ist von März bis September in Hamburg verboten: zum Schutz der Vögel, die dort brüten könnten. Diese Schutzzeiten variieren etwas von Bundesland zu Bundesland und sind unbedingt einzuhalten, nicht nur, weil Strafgelder drohen. Es gibt kaum etwas Traurigeres als ein vorzeitig verlassenes Vogelnest, meist meiden die Tiere diesen Platz auch zukünftig.

An der hinteren Stirnseite des Grundstücks steht eine Reihe Kirschlorbeer, ein verschrienes Gewächs. »Hässlich« und »spießig« finden manche den immergrünen Busch, »künstlich« sehe er aus. Kirschlorbeer kann genau wie Buchs stark formgebend geschnitten werden. Wir lassen ihn wachsen, wohin er will, solange er die Terrasse nicht blockiert. Kirschlorbeer, der eher mit der Kirsche als mit dem Lorbeer verwandt ist, ist robust, trockenheitsverträglich und immergrün, ein wichtiges Kriterium.

Die Lorbeerkirsche genießt aber keineswegs ausschließlich aus Modegründen wenig Ansehen. Ihre Giftigkeit und die schwer zu kompostierenden Blätter stören viele. Der Naturschutzbund (NABU) findet, dass man statt einer Lorbeerkirschenhecke ebenso gut eine Betonmauer wählen könnte, weil die Pflanze keinerlei ökologischen Nutzen habe – eine ziemlich radikale Zuspitzung, zumal Ameisen und Dickmaulrüssler die Lorbeerkirsche schätzen, auch Hummeln profitieren von der Blüte. Der NABU empfiehlt dringend, heimische Pflanzen zur Anlage einer naturnahen Hecke auszuwählen. Die Lorbeerkirsche stammt ursprünglich aus dem kleinasiatischen Raum, sie breitet sich seit Ende des 15. Jahrhunderts in unseren Breitengraden aus.

Die Efeuwand an der Grenze zum Nachbarn rankt an die vier Meter an einem hölzernen Sichtschutz hoch. Manchmal fürchte ich bei Sturm, die Konstruktion könnte umstürzen. Dann wieder verfluche ich den Efeu, weil er sich tentakelhaft überallhin ausbreitet. Efeu, so sagt der Fachmann, ist starkwüchsig. Das kann ich bestätigen. Wenn ich ihn ließe, würde er wohl den ganzen Garten überwuchern.

Er hat auch die schlechte Angewohnheit, kurz (oder lang) in der Erde ab- und an ganz unmöglichen Stellen wieder aufzutauchen. Ich umklammere dann mit beiden Händen einen Trieb, der erstaunlich reißfest ist, und ziehe schweißgebadet dieses Ungetüm zum Beispiel aus meinem Funkienbeet. Wer sich Efeu in den Garten holt, wird ihn kaum wieder los. Aber alles in allem liebe ich die Efeuhecke. Sie ist auch im Winter grün, bietet zuverlässigen Sichtschutz – und seit Neuestem auch einem Igel ein Zuhause.

KS

TATZENPOWER

Warum der Garten in Wahrheit den Tieren gehört

Unser Garten gehört eigentlich nicht mir und meinem Mitgärtner, sondern den Tieren, das machen die Katzen, die ihn regelmäßig von irgendwo nach irgendwo durchqueren, beleidigt klar, wenn wir sie stören. Immer paradieren sie unsere, nein, ihre Gartenwege entlang, ihren Catwalk sozusagen, das finden sie angenehmer als den Weg durch die Natur. Nasses Gras an den Tatzen, igitt, das mögen die Damen und Herren Katzen nicht.

Oder die fette Amsel im Gras, die rätschend davonfliegt, wenn sie meint, dass es unbedingt sein muss, aber nur dann. Sie ist meistens zu Fuß unterwegs, man fragt sich, ob sie sich wie der neuseeländische Kakapo irgendwann das Fliegen abgewöhnt. Der Rasen ist jedenfalls dazu da, von ihr bepickt zu werden. Es ist ihr Rasen. Unverschämt, wenn man sie vertreibt. Auch die Katzen versuchen das manchmal, sie fliegt dann zeternd einen Meter weiter, und die Katzen raffen es nicht. Vielleicht sind sie einfach keine guten Schleicher. Nasses Gras am Bauch ist vielleicht auch blöd.

Letztes Jahr ging die Haselnussernte komplett an die Eichhörnchen. Dieses Jahr haben die Vögel sämtliche Aroniabeeren geholt. Dabei haben wir extra Schlehen gepflanzt,

Wildrosen, Holunder, alles für die Viecher. Feuerdornfrüchte, dachten wir, mögen Vögel besonders gern. Ja, manchmal. In einem Jahr schlugen sie sich darum. Im nächsten ließen sie alles hängen, vermutlich, weil es anderswo Besseres gab.

Ich bin bereit, vieles zu tun für die Tiere, und natürlich geht da immer noch mehr. Meine Schwester kam letztes Jahr zu meinem Geburtstag mit einer armlangen Röhre mit Löchern an: einer Nisthilfe. Für den Steinkauz. Die müsse in den Kirschbaum, mindestens drei Meter hoch.

Steinkauz?

Kein Mensch, sagte mein Mitgärtner, habe hier jemals einen Steinkauz gesehen.

Den sieht man auch nicht, sagte der von mir befragte Fachmann. Der fliegt nachts.

Der Fachmann, ein Oberschwabe namens Egon Müller, erzählte mir, warum es der Steinkauz besonders schwer hat: sein Ruf! Früher, wenn jemand starb, hielt man Totenwache, dann war nachts Licht im Haus, dann flogen Insekten, dann flog auch der Steinkauz, weil er die Insekten frisst, und dann hörte man ihn rufen: wiwitt, wiwitt. Also kam der Aberglaube auf: Der Steinkauz ruft, wenn jemand stirbt. Aber er kann wirklich nichts dafür.

Also bin ich bereit, dem Steinkauz zu helfen. Die Röhre wurde auf den Kirschbaum gewuchtet, und wenn zufällig mal ein Steinkauz vorbeikommen sollte, findet er eine Wohnung vor. Moment, ich muss noch Späne reinstopfen, damit er es gemütlich hat. Selbst für die Möblierung sorgen? Macht er nicht, habe ich in der Steinkauzliteratur gelesen.

Der Steinkauzfachmann kennt sich auch mit anderen Vögeln aus und mit deren Kästen, der Anruf bei ihm hat sich gelohnt. Ob ich einen Meisenkasten habe, fragte er. Nein. Ja. Bald. Ob ich wisse, dass man die Kästen mindestens einmal im Jahr reinigen müsse. Nein. Ja. Jetzt weiß ich's. Ob ich wisse, dass man sich da fiese Milben und anderes Ungeziefer holen könne, wenn man nicht aufpasst. Ob ich wisse, wie das zu vermeiden sei.

Nämlich?

Tabak.

Ein paar Krümel billigen Tabak, etwa die Menge einer halben Zigarette, aufs Flugloch und in den Kasten streuen, dann verziehe sich das Ungeziefer, sagt er. Ich werde es mir merken.

Ich hatte nicht gewusst, dass fieses Viehzeug droht, im Umgang mit Vögeln. Ich erinnerte mich aber, dass die Schwiegermutter in diesem Garten früher keine Nisthilfen aufhängte, niemals, soweit ich weiß. Sie hatte ein anderes Verhältnis zu Vögeln, wie man an dem Luftgewehr sieht, das ich auf dem Dachboden fand.

Die Zeiten waren anders, damals. Die Stare saßen in Hundertschaften auf den Telefonleitungen und hatten es auf die Kirschen der Schwiegermutter abgesehen. Die Kirschen wiederum waren fest einkalkuliert für die Ernährung einer sechsköpfigen Familie: Geld war nicht viel da, aber dafür jede Menge Obst und Gemüse in Einmachgläsern auf Kellerregalen (wobei: eingemachte Kirschen? Bäh. Diese schrumpeligen Dinger, mit Kern womöglich …).

Dafür, für ihre Vorratshaltung, hat die eigentlich pazifistische Schwiegermutter die Kirschen verteidigt, mit Waffengewalt.

Eigentlich esse ich Kirschen ganz gern. Die Amseln tun das aber auch. Das Gewehr ist noch da.

Soll ich ...?   **BS**

MARJA ROTTLEB, *36, Beraterin*
beim Naturschutzbund Deutschland
(NABU), über Gärten in der Klimakrise

» LEISTEN SIE SICH EINEN TOTHOLZHAUFEN. «

In deutschen Vorgärten, wo früher im Sommer Rosen und Nelken blühten, findet sich heute oft nur noch Marmor, Gletscherkies, Granit. Nichts als Stein. Was denken Sie, Frau Rottleb, wenn Sie an Schottergärten vorübergehen? Es ist traurig. Da arbeitet jemand gegen die Natur, gegen die Insekten und die Vögel, da arbeitet jemand gegen das Leben. Und schadet dabei auch noch sich selbst. Diese Gärten speichern Hitze statt Wasser – das spürt auch der Mensch in seinem Haus.

Was sagen Sie, falls Sie auf die Hausbesitzer treffen? Normalerweise sehe ich ja nur die Gärten, nicht die Menschen. Wenn ich sie träfe, würde ich den Schottergärtner*innen schon von schöneren, sinnvolleren Ideen erzählen. Von pflegeleichten Pflanzen.

Und bei Freunden, Verwandten, Bekannten? Wird da auch geschottert? Das gibt es, und da kommt dann erst mal: Ja, ich weiß, der NABU findet das doof. Und ich sage: Stimmt! Es ist ja auch langweilig. Und schwärme dann von den Möglichkeiten eines Gartens. Mein Onkel, der früher auf Schotter beharrte, hat inzwischen einen Gemüsegarten und ein paar Stauden ergänzt.

Viele Menschen mögen heute asiatische Gärten – oft mit viel Kies. Sind die genauso schlimm wie Schottergärten? Es ist so: Die Natur freut sich über jeden Quadratmeter, auf dem etwas wachsen kann. Auch in einem asiatisch anmutenden Garten kommt es auf die Pflanzen an. Und statt Kies funktioniert Mulch oder Sternmoos als Bodendecker. Wichtig ist, ob Folie unter den Steinen liegt – wenn der Boden nicht durchlässig ist, ist das auf jeden Fall schlecht. Langfristig nützt so eine Folie ja auch gar nichts. Mit der Zeit wird sie durchlässig, zerreißt, zersetzt sich im UV-Licht.

Also ist der Schottergarten gar nicht pflegeleicht? Auch ein Schottergarten kostet Geld, Zeit und Pflege. Sie müssten eigentlich dauernd jäten. Nach fünf, sechs Jahren hat der Wind jede Menge Samen, jede Menge Pionierpflanzen angeweht, Ahorn oder Birken zum Beispiel. Moos und Algen haben sich auf den Steinen angesiedelt, sie müssen die Steine austauschen oder reinigen, sonst kriegen Sie das nicht weg. Irgendwann setzt die Natur sich durch und holt sich das Ihre zurück.

Und wenn ich es richtig machen will? Wie soll ich, in meinem Garten, auf den Klimawandel reagieren? Nehmen Sie Pflanzen, die nicht nach Wasser gieren. Verzichten Sie auf Hortensien, Rhododendron, Rittersporn oder große Rasenflächen – da müssen Sie ständig gießen. Nicht empfehlenswert sind Bäume oder Gehölze, die in trockenen Jahren auch im Winter Wasser brauchen. Der Lebensbaum zum Beispiel.

Der Ginkgo? Stimmt, der wird auch Lebensbaum genannt, aber ich meine jetzt die Thuja. Die ist im Winter manchmal zickig. Der Ginkgo ist prima, eine Superpflanze im Klimawandel. Sie müssen nur hoffen, dass Sie ein männliches Exemplar erwischen, weil die Früchte, die ein weiblicher Baum trägt, fürchterlich stinken. Aber das wissen Sie erst nach 25 Jahren. Ahorn ist in Ordnung, vor allem Feldahorn. Holunder ist nicht schlecht, der verträgt Hitze; man kann ihn gießen, wenn man Früchte haben möchte, muss aber nicht. Hecken schützen ihre Nachbargehölze vor dem Wind. Setzen Sie auf Mischkultur, das ist auch bei Bäumen gut.

Wen soll ich auf jeden Fall meiden?
Die Lorbeerkirsche.

**Manche Hobbygärtner schwören: Die Vögel kom-
men und fressen die Beeren.** Aus der Sicht unserer
Ornithologen ist die Lorbeerkirsche immer noch
besser als der Schottergarten – die Vögel können sich
wenigstens verstecken –, aber ansonsten wertlos.
Es gibt dort keine Raupen, die fressen das giftige
Laub nicht. Und ob die Beeren gut für die Vögel sind,
das ist umstritten. Pflanzen Sie lieber Weißdorn.
Dessen Früchte sind gutes Vogelfutter, und abgekocht
vertragen Sie die auch. Genauso wie die vom Feuerdorn übrigens.

**Wie ist's mit dem Schmetterlingsflieder? Die
Falter sind ja ganz gierig darauf.** Die sind gierig
danach, ja, aber das ist eigentlich kein Grund-
nahrungsmittel für sie. Die Raupen finden nichts
zu fressen dort, also, optimal ist es nicht. Es ist ein
bisschen wie beim Menschen der Besuch bei
McDonald's. Aber lassen wir ihnen den Spaß. Ist
ja auch schön, wenn man den Schmetterlingen näher
kommt, wenn man sie daran beobachten kann.
Wenn Sie für die Raupen etwas tun wollen: Lassen
Sie im Winter Brennnesseln stehen.

**Welche Stauden halten in der Trockenheit
durch?** Hart im Nehmen sind zum Beispiel Storchschnabel, Ziest, Katzenminze, Dost. Oder Thymian,
Wiesensalbei, Natternkopf. Die Nachtkerze, die samt

sich allerdings überall aus. Hornklee, der ist leichter
unter Kontrolle zu bekommen.

**Wenn ich das alles pflanze, dann bin ich klima-
freundlich?** Sie können noch viel mehr tun. Verzichten Sie auf Torf, das hilft den kostbaren Mooren.
Lassen Sie die Finger von hemisch-synthetischem
Dünger, der Energieaufwand bei der Herstellung
ist viel zu hoch. Düngen Sie lieber mit Kompost oder
mit selbst gemachten Brühen und Jauchen. Hände
weg von konventionellem Schneckenkorn, leisten Sie
sich lieber einen Totholzhaufen, wenn Sie Glück haben, leben dort Laufkäfer und fressen die Schnecken-
eier weg, und obendrein bleibt das Holz im Garten
und bindet Kohlenstoff, anders, als wenn man es ver-
brennt. Probieren Sie mal, wie weit Sie ohne motorbe-
triebene Geräte kommen, mit Muskelkraft.

Puh. Machen Sie das alles im eigenen Garten?
Ich lebe in Berlin und habe noch keinen eigenen, aber
ich kümmere mich um die Gärten der Familie. Ich
versuche es, ja. Es gelingt mal besser, mal schlechter.

Was ist ein schöner Garten für Sie? Einer mit vielen
Farben. Mit Durchgängen, Durchblicken, wo man
etwas entdecken kann. Mit Gerüchen, mit Kräutern
und andern Pflanzen, die etwas für die Nase bieten.
Mit Tieren darin.

Passt zur Ökologin. Wie wird man eigentlich Gartenberaterin beim NABU? Es fing mit einem freiwilligen ökologischen Jahr vor dem Studium an, nein, eigentlich fing es schon viel früher an. Ich ackere einfach gern, ich komme aus einer Familie von Landwirten. Als Kind, so etwa mit fünf, habe ich mir ein eigenes Beet angelegt, zum Leidwesen meiner Mutter mitten im Rasen, und habe alle Samen, die rumlagen, da reingesät. Es hat nicht besonders gut geklappt, aber Spaß gemacht. Der Garten meiner Großeltern, mit dem Duft von Dill und Sommerblumen, war für mich immer der schönste Ort der Welt.

Das Interview führte Barbara Supp.

HERBST

Von Indogermanisch *karp- kommt der Begriff, das heißt ernten, mittelhochdeutsch wird daraus herb(e)st: Es ist vorbei. Im Herbst feiert der Mensch Abschied und Ernte zugleich und wird gern elegisch. Einen Künstler traf ich mal, der den Herbst zu Hause nicht ertragen kann, so schön ist es dann dort. Das liegt aber auch daran, dass bei ihm »zu Hause« nicht der Parkplatz vor dem Supermarkt ist, wo dann halt mal ein senffarbenes Ahornblatt in der Regenpfütze schwimmt, sondern: das Draußen. Die farbige Landschaft. Das Licht. »Das mögen die letzten Küsse des scheidenden Sommers sein«, schrieb Heinrich Heine. Es passt zu ihm, es passt zum Herbst: Man wird da gern grundsätzlich, in der Zeit des Abschieds. Aber man genießt es auch.

IM HERBST,

davon ist in diesem Kapitel die Rede, stellt sich zum Beispiel die Kürbisfrage; wer sie mit Nein beantwortet und Kürbis nicht mag, isst vielleicht gern Giersch. Der ist essbar, anders als Fingerhut; trotzdem darf der Fingerhut im Garten bleiben, auch wenn manche Strebergärtner das anders sehen. Falls dann noch genug Platz ist für all die Tulpen, die man jetzt pflanzt und von denen man sich im Frühjahr fragen wird, wo sie geblieben sind. Vielleicht war es die Wühlmaus; dann ist das Verhältnis zu unerwünschten Tieren zu klären. Ebenfalls zu klären ist das Verhältnis zu Maschinen, zum Häcksler zum Beispiel, jetzt, da man ständig vor Bergen von Schnittgut steht. Überlegt werden will vor dem Schneiden, was gammelig aussieht und was dekorativ altert im Garten. Auch Beete altern; wenn sie schlapp machen – dagegen hilft Tagetes. Wenn Menschen schlapp machen, hilft Gartentherapie. Keine Therapie, einfach nur Glück ist es, wenn es gelingt, einen alten Wunsch zu erfüllen. Einen großen Baum zu pflanzen. Oder Wasserspiele im eigenen Pool. Auch wenn er nur für acht Schwimmzüge reicht. Aber es sind ja dann auch wieder acht zurück.

DIE K-FRAGE
Kürbis? Nein, danke

Herr, es ist Zeit, die Bohnen abzuräumen, die Tulpenzwiebeln in der Erde zu versenken, die neue Wildrose zu pflanzen und noch eine Kornelkirsche, weil die Insekten die so lieben. Es ist Zeit, den Rhabarber zu teilen und Leimringe gegen Frostspanner um die Apfelbäume zu legen, und wer jetzt kein Hochbeet hat, baut sich keines mehr, jedenfalls nicht in diesem Jahr.

Es ist Zeit, in den Himmel zu schauen und diese klare Luft und die Farben aufzusaugen, so schön, manchmal unerträglich schön, der Theaterregisseur Martin Kusej, der aus Kärnten stammt, beschrieb es mir einmal so: Immer im Herbst gebe es »zwei, drei Wochen des tief liegenden letzten Sonnenlichts, das sich an den Kanten der Gebirgsformationen besonders raffiniert bricht oder sich in den absterbenden farbigen Blättern der Bäume einfängt. Das ist so ungeheuerlich schön, da hat man einen eisernen Reifen ums Herz, da muss ich ganz rasch weg.«

Er hat ein literarisches Zitat gefunden, bei Haruki Murakami, das dieses Gefühl benennt: »Die grundlose Traurigkeit, die der Anblick einer ländlichen Idylle im Herzen des Menschen hervorruft.«

Manchmal ist das so. Ich kenne das, manchmal ist er so, der Herbst.

Das Licht, die Farben. Sattes Gelb, flammendes Rot. Unser Eisenholzbaum feuert sein Rot schon früh, er hat irgendeinen Schädling in den Blättern. Ebenso der Blumenhartriegel. Ich schalte die Sorgenmaschine ab und freue mich an den Farben. Bis zum nächsten Jahr, sage ich mir, haben sie sich bestimmt erholt.

Der Kater des Nachbarn läuft den Catwalk entlang, kurz darauf folgt ihm eine Maus, auf demselben Weg. Tom und Jerry bei mir im Garten. Tom tut der Maus nichts, lässt sie in Frieden. Geht der Herbst auch dem Kater ans Gemüt?

Es kann – Moment, da war jetzt ein Laubbläser –, es könnte so schön sein im Herbst. Es könnte, wären die Kürbisse nicht. Kürbisse mag ich etwa so gern wie Laubbläser. »Aber du musst doch nur«, sagt man mir, »du musst doch nur Sauerrahm oder Pesto oder Parmesan oder Chili oder Kürbiskernöl oder alles zusammen drauftun.« Muss ich nicht, könnte ich, aber all das sagt mir: Kürbis ist das Nichts, aus dem mit dem Einsatz von vielen Geschmacksstoffen etwas gemacht werden muss. Ich kann mich nicht daran erinnern, dass ich früher Kürbisse essen musste. Bei uns in Schwaben kamen sie als Zierrat aus dem Garten und lagen dann gelb, orange oder auch grün gesprenkelt im Wohnzimmer herum und verstaubten, und das war's dann auch.

Ich verweigere mich dem Kürbis im Beet, aber mein Gartenbuch schreibt, dass der Speisekürbis, diese jahrtausendealte Kulturpflanze aus Süd- und Mittelamerika, hierzulande »immer mehr Freunde« finde, dass die Pflanze »sowohl roh als auch gekocht und gebraten sehr gut schmeckt«; ich kann es nicht bestätigen. Wenn ich das sage, höre ich: »Aber MEINE Kürbissuppe!« – und ich kriege sie erst recht serviert.

Was ist passiert? Die Erklärung, die ich kenne, reicht zurück ins Jahr 1991. Davor war der Kürbis für mich primär eine Erscheinung aus den »Peanuts«. Linus, der optimistische, noch nicht so vom Leben enttäuschte Freund Charlie Browns, wartete immer auf den »Großen Kürbis« zu Halloween, der Geschenke bringen würde, der aber nie erschien.

Dann kam vor 30 Jahren der Golfkrieg. Fasching, Karneval, Fastnacht, oder wie immer man es nennen will in Deutschland, fiel aus Pietätsgründen aus. Und dann, so habe ich gelesen, entdeckte eine Fachgruppe der Spielwarenindustrie, dass man sich auch zu Halloween verkleiden kann. Flankierend dazu mussten Kürbisse ausgehöhlt, mit Grimassen versehen und von innen erleuchtet werden. Der Schritt zur Kürbissuppe war nicht mehr weit.

Ja, Kürbiskernöl ist großartig, wenn man es auf etwas anderes träufelt als Kürbissuppe. Nein, ich bin nicht gegen pflanzliche Zuwanderer, bis auf ein paar Ausnahmen.

Übrigens habe ich mir neulich, als ich mich an Kürbissuppe versuchte (»MEINE KÜRBISSUPPE!«), beim Schlachten des Kürbisses beinah den kleinen Finger abgehackt. Farblich passte es prima. Orange der Kürbis, rot das Blut. Schöne Herbstfarben eben. **BS**

BEET IM BURN-OUT
Fitnesskur für erschöpfte Flächen

Ein paar Jahre nachdem wir unser Haus mit Garten bezogen hatten, begannen mich die alten Rosensträucher zu stören. Wir hatten sie bereits verholzt vorgefunden, viel Pflege war ihnen anscheinend nie zugedacht worden, außerdem waren sie rosa, nicht meine Lieblingsfarbe. Ich beschloss, ein neues Rosenbeet anzulegen.

Weil ich mal gelesen hatte, dass das Erdreich auszutauschen sei, wenn man in einem alten ein neues Rosenbeet anlegen will, beauftragte ich einen Gärtner. Erstens wusste ich nicht, wohin mit der alten Erde und den sechs gar nicht kleinen Sträuchern, und zweitens habe ich schon mal Rosen ausgegraben – es ist eine furchtbare Plackerei.

Ja, sagte der Gärtner am Telefon, das Erdreich könne man austauschen und gleich neue Rosen pflanzen. An seinem Tonfall erkannte ich, dass ihm das nicht gefiel. Er würde es anders machen, ließ er mich wissen: Rosen raus, Fläche roden, Boden ausruhen lassen und erneuern, die neuen Pflanzen im Herbst setzen.

Die Aussicht ließ mich schlucken. Das bedeutete, dass ich erst im nächsten Jahr wieder die Rosenblüte genießen könnte. Aber um die Erneuerung des Bodens kam ich nicht herum, das war klar. Das Rosenbeet existierte bestimmt 15 Jahre, vielleicht länger, die Königin der Blumen ist eine stark zehrende Pflanze, das heißt, sie zieht große Mengen Nährstoffe aus dem Boden.

Die Erde laugt aus, wenn über Jahre nur eine Pflanzensorte an einer Stelle wächst. Um diesem Nährstoffmangel vorzubeugen, wird in der Landwirtschaft idealerweise eine bestimmte Fruchtfolge eingehalten, Flächen werden brach gelegt und Gründüngerpflanzen angebaut, damit die Erde sich regenerieren kann.

Weil die vom Gärtner vorgeschlagene Methode nicht nur kostengünstiger, sondern auch nachhaltiger ist und die Pflanzung im Herbst bessere Resultate als im Frühjahr verspricht, entschied ich mich schließlich dafür. Das hieß, dass ich eine ganze Weile Geduld haben müsste, bis auf dem gerodeten Beet irgendetwas blühen würde beziehungsweise ein Rosenbeet zu bewundern wäre. Es war erst März, bisher hatten sich nur Krokusse und einzelne Narzissen hervorgewagt.

Ich hielt mich an die Vorgaben des Fachmanns: Tagetes solle ich pflanzen, erklärte er. Setzlinge könne er allerdings nicht liefern. Das sei viel zu früh. Die Tagetes, auch als Studentenblume bekannt, sind unter anderem in Mexiko beheimatet und frostempfindlich, ansonsten aber sehr robust, und sie wachsen schnell. Sie bilden tiefgründige Wurzeln, die das Erdreich auflockern, produzieren eine Substanz, die gegen Bodenwürmer, sogenannte Nematoden, wirksam ist, und dienen am Ende ihres Lebenszyklus als Gründünger, wenn man sie unterpflügt. Wegen ihrer heilsamen, stärkenden Wirkung auf den Boden werden sie beispielsweise nach der Ernte auf Erdbeerfeldern gepflanzt.

Diese Blumen gehörten bisher nicht zu meinen Favoriten. Jetzt kaufte ich Samen verschiedener Sorten – von knallgelb bis tieforange – für fast 20 Euro, mit der Menge hätte ich wohl mehr als 100 Quadratmeter besiedeln können. Ungeduldig wartete ich auf den richtigen Zeitpunkt, um auszusäen. Vor Ende April wäre es sinnlos gewesen, weil es schlicht zu kalt war. Die Saat wäre nicht aufgegangen. Mein Rosenbeet-Projekt war eine Lehrstunde in Geduld, wie so oft beim Gärtnern.

Leicht war es nicht, diese kahle Fläche zu ertragen, aber Vorfreude erleichterte das Durchhalten. Natürlich erfolgte nach dem Aussäen jeden Tag ein hoffnungsvoller Kontrollblick, viele Tage hintereinander vergeblich. Dann große Freude: Das erste winzige, sehr zarte Grün – und große Enttäuschung, denn kein Tagetes-Keimling, sondern ein Blatt vom unverwüstlichen Giersch bahnte sich seinen Weg aus der braunen Erde.

Damit irgendetwas passierte, begann ich, den Beetrand zu bepflanzen: mit Lavendel, Lupine, Lobelie, dann kamen Salbei, Estragon, Schnittlauch hinzu – und dann ließen sich tatsächlich die ersten Tagetes-Keimlinge sehen. Trotz einiger später frostiger Nächte haben die zarten Pflanzen durchgehalten.

Ich übrigens auch. Einige Male überlegte ich, den Plan zu ändern und einfach irgendwelche Blumen zu pflanzen. Die Warterei kann ganz schön nerven. Heute bin ich froh, ausgehalten zu haben. Die Rosensträucher sind gut angekommen, haben sogar schon erste Blüten gezeigt, und im kommenden Jahr werden sie hoffentlich ganz prächtig. Warten muss sich ja auch mal lohnen. **KS**

STREBERGÄRTNER

Wie Kinder in den 60er Jahren zu Ameisenfeinden erzogen wurden

Gute Tanten erkannte man früher daran, dass sie einem die richtigen Bücher schenkten. Mein Mitgärtner hatte eine solche Tante, aber einmal griff sie daneben, es ging furchtbar schief. Das Buch hieß: »Hurra – ein Garten!« Wir fanden es neulich in einer Bücherkiste. Es war faszinierend. Zeitgeschichte. Ein Blick auf Kinder, Tiere und Pflanzen, gesehen mit den Augen eines Kinderbuchautors vor knapp 60 Jahren.

»Als der Vater die verdutzten Gesichter der Jungen sah, musste er hellauf lachen.« So beginnt es. Die Jungen und ihre kleine Schwester haben sich sehnsüchtig einen Garten gewünscht. Sie brennen darauf, zu hacken, zu jäten, zu gießen, zu mulchen und umzugraben. Sie heißen Wolfgang, Frank und Heidi, wie man eben so heißt Anfang der Sechzigerjahre, und meistens blicken sie geradezu abscheulich brav zu ihrem Vater auf.

Erich Kloss, der es geschrieben hatte, war Bestsellerautor – allerdings hauptsächlich wegen Büchern, die »Horst und das Raubwild« hießen oder »Herbstfreuden im Försterhaus«. Es waren Jugendtitel über Abenteuer im heimischen Mischwald und bei Jungs damals durchaus beliebt.

Dieses Buch aber – ein Achtjähriger wie mein Mitgärtner damals, für den ein Garten nur lauter Pflicht bedeutet,

Johannisbeeren zupfen, Äpfel klauben, Kartoffeln ausgraben, Rüben hacken, der nichts mehr hasst als mulchen, jäten, gießen und sehr viel lieber im Wald Indianer spielen würde, als im Garten Furchen zu ziehen, wenn der dann dieses Buch zum Geburtstag bekommt, wie sollte es ihn umerziehen?

Diese Heidi, die streberhaft fragt: »Ist nicht der Igel der beste Gartenpolizist, Vater?« Dieser Vater, der zu den Kindern spricht: »Der Garten belohnt nur den, der sich ehrlich um ihn bemüht.« Dieser Wolfgang, der verkündet: »Also morgen früh, acht Uhr, Antreten der freiwilligen Gärtner!« Und es auch noch so meint.

Alles hat seine Ordnung, es gibt gute Tiere und böse. Der Vater hat etwas gegen Ameisen, fängt sie in einem umgestülpten Blumentopf, in dem sie sich »häuslich einrichten«, und »da kam das Unglück: Eine flinke Menschenhand hob den Topf hoch und warf ihn samt seinem krabbelnden Inhalt in kochendes Wasser«. Immer wieder macht er das, wenn sich der Topf gefüllt hat, »bis nach und nach das ganze Ameisenvolk aufgerieben war«. Aufgerieben? Da war doch mal was …

Erich Kloss war Schullehrer, Biologe, 1889 geboren, natürlich Kind seiner Zeit, aber für eine 1963 veröffentlichte Schrift wirkt dieses Gartenbuch seltsam ältlich und überdidaktisch. Mein Mitgärtner schwört, er war über dieses Geschenk damals von der ersten Seite an entsetzt. Diese Knospen, die hier »Gartenkinder« heißen. Dieser Holunderbusch, der »ein Geheimnis hütet«. All das fand er schrecklich, lange bevor er wusste, was ein Anthropomorphismus ist.

Ihn hat das Buch eher abgeschreckt, er ist vor Gartenarbeit erst recht geflohen.

Er ist dann trotzdem Mitgärtner geworden, was zeigt, dass kindliche Traumata manchmal überwindbar sind und nicht jeder Oliver, der seinen Fußball in Mutters Dahlien knallt, sein Leben lang ein Staudenhasser bleiben muss.

Mein Mitgärtner hat etwas gegen Vorschriften; wenn man ihn experimentieren lässt, macht er alles. Er mäht, schneidet, buddelt, überall im Garten hat er Kartoffeln vergraben, manchmal sogar mit Erfolg. Seit der Obsternte probiert er mit Säften herum, wirft Vanille rein, Zimt, sucht die perfekte Cuvée. Und die perfekte Obstpresse, er liebt ja Maschinen, wird wohl bald die nächste kaufen. Unsere ist ihm zu klein.

Manchmal liest er in diesem gruseligen Buch herum, und mit ein, zwei Dingen sympathisiert er sogar. Dass Unkraut Unkraut heißt und nicht zartfühlend mit »Beikraut« umschrieben werden muss. Dass der Umgang mit Nacktschnecken ebenso erfolgreich ist wie unsentimental: »Der Vater fand sie, überbrühte sie und fütterte mit ihnen die Hühner.« **BS**

GAMMELIG ODER INTERESSANT?
Was weg muss und was nicht

Der Herbst gilt als melancholisch bis düster, Stichwort Abschied und Vergänglichkeit. Doch für Gärtnerinnen und Gärtner steht der Herbst durchaus für Neubeginn. Vor allem der Oktober: Er ist »der erste Frühlingsmonat, der Monat des unterirdischen Keimens und Sprießens, des heimlichen Schwellens der werdenden Knospen«. So schwärmerisch beschreibt es der tschechische Autor Karel Čapek in seinem Band »Das Jahr des Gärtners«. Čapek ist ansonsten vor allem für Düster-Dystopisches bekannt, er gilt als der Erfinder des Wortes »Roboter«.

Also, weniger poetisch ausgedrückt: Oktober ist der Monat, in dem gepflanzt werden kann und soll. Büsche, Stauden, Bäume – und natürlich Blumenzwiebeln. Beim Graben stößt man unweigerlich auf die eine oder andere Zwiebel aus dem Vorjahr. Umso besser, im Garten gilt für mich »mehr ist mehr«. Diese Einstellung hat einmal zu einem Kaufrausch geführt, mehr als 700 Blumenzwiebeln habe ich erstanden. Dann suchte ich eine Gartenhilfe.

Der beginnende Herbst ist auch die Zeit des Aufräumens und Putzens. Abgeblühte Stauden müssen geschnitten, abgeerntete Tomatenpflanzen entsorgt, Töpfe, in denen einjährige Blumen wuchsen, gereinigt werden. Die Gartenmöbel kommen in den Schuppen, die Werkzeuge könnten auch mal einen Lappen und etwas Fett oder Öl vertragen – die To-do-Liste ist lang, und es ist jedes Jahr dasselbe: Ich bin spät dran.

Zum Glück soll man das Aufräumen der Beete ja nicht übertreiben und einige Stauden stehen lassen, damit Insekten im Winter einen Unterschlupf finden. Viele Samenstände sehen auch hübsch aus. Die Schoten an den Staudenwicken finde ich attraktiv, auch ein paar Hagebutten bei den Rosen lasse ich gerne stehen, der eigentliche Rosenschnitt findet ja sowieso erst im Frühjahr statt. Die Ähren vom hohen Pampasgras bieten in der Wintersonne ein schönes Lichtspiel. Das Gras, zum Schutz vor Frost zusammengebunden, wird auch erst im Frühjahr geschnitten.

Wenn ich die Rudbeckia (Sonnenhüte) nicht gleich nach der Blüte herunterschneide, entsteht kein Schaden, es sieht interessant bis gammelig aus, je nach Standpunkt. Für andere Pflanzen gelten aber strengere Zeitpläne, was das Schneiden betrifft. Das weiß ich – und trotzdem missachte ich diese Profiregeln regelmäßig. Jedenfalls, wenn es um Lavendel geht.

Die Anweisungen für das mediterrane Gewächs, Arzneipflanze des Jahres 2020, sind eindeutig: zwei Schnitte, der erste im August, der andere im April. Meistens gibt es die Warnung dazu: Nicht ins Holz schneiden! Problem: Ich brachte es lange Zeit nicht über mich, überhaupt zu schneiden, schon gar nicht im August, wenn der Lavendel noch blüht. Das hatte unschöne Konsequenzen.

Die Basis der Pflanzen verholzt, der Anteil ohne Blätter und Blüten wird immer höher. Irgendwann steht nur noch ein spaddeliges, kahles Gerippe trostlos im Beet herum. Dann sollte alles anders werden: Ein paar der Jungpflanzen habe ich bereits Anfang September und nach meinen Maßstäben nicht zu knapp geschnitten. Ich nahm mir ein Beispiel an meiner Erfahrung mit dem Rosenschnitt, den ich lange zu zaghaft ausgeführt habe. Mut wird belohnt, habe ich da gelernt. Auch beim Lavendel, hoffte ich als Belohnung auf Üppigkeit im nächsten Jahr.

Einen Problemfall hatte ich noch: eine inzwischen wohl an die zehn Jahre alte Lavendelpflanze, mit der ich schon einmal umgezogen bin. Sie blüht und blüht, und die Hummeln baden geradezu in der lilablauen Pracht. Das ist auch ein Grund, warum ich vor dem Schnitt im Sommer immer zurückschrecke: Ich will den Insekten kein Futter wegnehmen. Ein Gärtner, mit dem ich darüber sprach, sagte trocken: »Dann müssen die eben woanders hinfliegen.«

Wegen meiner Zimperlichkeit sieht der alte Lavendel teilweise ramponiert aus, an manchen Stellen kahl und staksig. Aber eben doch auch irgendwie prächtig, wenn er blüht – dann sind die holzigen Basistriebe schön verdeckt. Und dann kam die gute Nachricht: Es besteht die Chance, die Pflanze zu verjüngen, wie ich in einem englischen Gartenblog gelesen habe.

Die Autorin schreibt, dass sie endlich begriffen habe, dass »wir Amateurgärtner« die Warnung, nicht ins Holz zu schneiden, missverstehen und dazu neigen, nicht tief genug zu schneiden. Man solle den Strauch auf bis zu neun Inches kürzen, das sind nicht ganz 23 Zentimeter. Allerdings gibt es eine wichtige Einschränkung: Man darf einzelne Triebe nur so weit abschneiden, dass am Holz noch nachwachsende Blätter zu sehen sind. Die können winzig sein, also die Brille nicht vergessen. Es müssen auf jeden Fall noch Ansätze von grünen oder auch silbergrünen Blättchen vorhanden sein, sonst stirbt der Trieb doch endgültig ab. Der Lavendel wächst nämlich »basiton«, das heißt aus der Basis heraus. Wenn man die kappt, geht nichts mehr.

Nach der Lektüre des Blogs nahm ich mir den alten Lavendel besonders gründlich vor. Aber auf 23 Zentimeter über die ganze Fläche von fast einem Quadratmeter – das Teil ist riesig! – konnte ich ihn dann doch nicht abrasieren. Stattdessen habe ich versucht, möglichst gleichmäßig immer wieder lange Triebe so tief wie (mir) möglich abzuschneiden, mit Blick auf die Blattansätze. Ich war sehr gespannt, was im nächsten Jahr passieren würde.

Die Pflanze sah besser aus, doch, doch. Aber ich habe es wieder nicht geschafft, im August zu schneiden.   **KS**

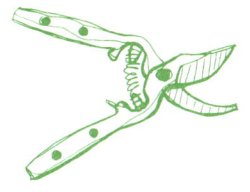

LECKER UNKRAUT
Pflanzenfresser sein – und überleben

Merkwürdig eigentlich, dass ich meine Jugend überlebt habe. Im Garten meiner Großmutter wuchsen Goldregen und Eiben, blühten Fingerhut und Eisenhut, lauter giftiges Zeug! Kann man doch nicht anpflanzen, warnen viele Gartenratgeber heute: Diese roten Beeren an der Eibe, die steckt doch jedes Kind in den Mund!

Wir taten es nicht, es war gar nicht so schwer, uns das beizubringen: Niemals, hörst du, niemals isst man etwas, was man draußen im Grünen gefunden hat, ohne zu fragen. Efeubeeren, Ligusterbeeren, Pfaffenhütchen, die Natur ist voll von giftigen Dingen, kann man das Kindern heute etwa nicht mehr beibringen? Kommt jetzt womöglich bald, begleitend zum Schutzhelm für Kinderköpfe, der Kindermaulkorb auf den Markt?

Manches scheint mir heute hysterisch in der Beratungsliteratur, aber ich gebe zu: Ich musste selbst erst wieder lernen, nach vielen gartenlosen Jahren, was man essen kann und was nicht.

Meine Schwester war kürzlich zu Besuch, ging in den Garten, kam mit einem Strauß aus Grünzeug und Blumen wieder und sagte: »Da ist der Salat.« So weit bin ich noch nicht.

Aber ich weiß inzwischen: Gänseblümchen sind nicht nur zum Angucken da. Taglilienblüten schmecken leicht süß. Kapuzinerkresseblüten haben Schärfe, man kann die Samenkapseln trocknen und wie Pfefferkörner verwenden oder sauer-salzig einlegen, wie Kapern. Ringelblumenblütenblätter kann man praktisch über alles streuen, Veilchen kandieren. Von einem Sternekoch habe ich erfahren, dass er Magnolienblüten süß eingelegt serviert.

Jetzt im Herbst sind da immer noch genug Brennnesseln, deren Spitzen man ernten (mit Handschuhen, dann mit dem Nudelholz drüber, danach brennen die Härchen nicht mehr) und wie Spinat kochen und servieren kann.

Oder Giersch. Reiß nicht den ganzen Giersch raus, sagte meine Schwester, die mit dem Salatstrauß, als ich ihr von meinem zähen Kampf gegen dieses Gewächs berichtete, und ich sagte: Keine Sorge. Zu wenig Giersch habe ich sicherlich nie. Für Gierschsemmelknödel wird es immer reichen.

So funktioniert das bei vielen Unkräutern: aufessen, was stört. Junge Löwenzahnblätter. Knoblauchsrauke. Macht sich alles gut im Salat. Manchmal komme ich mir vor wie unsere Meerschweinchen früher, all das mochten die ja auch: Vogelmiere, Taubnessel, Hirtentäschel, Wegerich. »Meerschweinchenfutter«, sagte ich früher, wenn es Bachbunge oder Brunnenkresse im Salat gab. Heute suche ich mir das Zeug selbst.

Es wachsen Pilze bei uns im Garten, überall wachsen dieses Jahr Pilze, und nach vielen Jahren Abstinenz (Tschernobyl! Atomstrahlung!) habe ich das Sammeln dieses Jahr wieder angefangen. Aber nur im Wald. Und nur Röhrenpilze. Im Garten habe ich noch nie einen Röhrenpilz gesehen. In unserem Garten wachsen welche mit weißem Hut, und das habe ich seit der Kindheit im Kopf: Vorsicht bei weißen Pilzen. Es könnten Champignons, es könnten aber auch tödliche Knollenblätterpilze sein.

Und Tiere? Gibt es Gartentiere, die man essen kann?

Als wir die letzten Sträucher in diesem Jahr pflanzten, mein Mitgärtner und ich, als wir die Rasensoden abhoben, da krümmten sich darunter wieder diese Viecher, die ich dort schon oft gesehen habe: weiße Larven mit braunen Köpfen. Ich dachte an eine Gartensendung, neulich: Die Larven des rosenfressenden, erdbeerfressenden, clematisfressenden Dickmaulrüsslers wurden da vorgeführt. Sie sahen exakt so aus.

Ich dachte auch an die Reportage eines Kollegen, der vor Jahren in Irian Jaya gewesen war, auf Neuguinea also, und einen damals noch weitgehend unbehelligt lebenden Menschenschlag besucht hatte: die Korowai. Sie lebten – und leben teilweise noch – in Baumhäusern, haben wenig an und essen, weil auch sie Proteine brauchen, die Larven der Rüsselkäfer. Sie essen sie roh oder backen sie in einer Art Sago-Pfannkuchen, liebevoll beschrieb sie der Kollege: »Appetitlich sehen sie aus, cremefarben und mit kastanienbraunen Köpfchen.« Er schrieb: »Die Larven sind die Shrimps der Korowai.«

Ob man vielleicht, dieser seltsame Gedanke kam mir beim Anblick der weißen Viecher, nach dem Prinzip Giersch vorgehen könnte, sollte, müsste? Aufessen, was stört?

Nein. **BS**

TULPENTHERAPIE
Vorfreude in dunklen Zeiten

Eine leichte Melancholie liegt in der Luft, das Laub raschelt unter den Füßen, letzte Rosenblüten leuchten. Oder es regnet in Strömen. Nichts raschelt, alles tropft. Der Sommer ist eindeutig vorbei. Doch seit ich einen Garten habe, bedeutet Herbst für mich nicht nur Abschiedsschmerz.

Es ist nämlich Zeit, etwas für die Zukunft zu tun. Blumenzwiebelzeit. Wer einen bunten Frühling erleben will, muss jetzt handeln. Manche Arten kämpfen sich sogar schon durch die letzte Schneekruste – damit sind sie auch die ersten Pflanzen, die Nahrung für Insekten bieten.

Die ersten Blüten des Jahres zu sehen ist immer etwas Besonderes. Der Anblick einer Krokuswiese etwa macht einfach gute Laune. Im Grunde ist die Anlage so einer Fläche einfach: Zwiebeln in der vorgegebenen Tiefe halbwegs richtig herum in die Erde bringen, ungefähr sechs Monate warten – und sich freuen, wenn die erste Farbe sichtbar wird. Aber wie genau bekommt man die kleinen Knollen am besten an ihren vorbestimmten Platz?

»Runter auf die Knie und graben«, sagt Matthias Olinski, Leiter des 45 Hektar großen Hamburger Parks Planten un Blomen (plattdeutsch für Pflanzen und Blumen). Dort werden jedes Jahr ungefähr 5.000 Tulpen, 3.000 Narzissen und vier- bis zehntausend andere Blumenzwiebeln gesteckt.

Zu diesen anderen gehören Krokusse. Einige Sorten sind zum Verwildern geeignet. Das heißt, die Krokusse vermehren sich selbstständig, über die Jahre wird so eine Wiese immer schöner.

Die Sache mit dem Verwildern kommt mir sehr entgegen, denn der Boden in meinem Garten ist schwer, lehmhaltig, das Graben kein Vergnügen. Ich habe zwar nur ein paar Quadratmeter, aber auch 50 Pflanzlöcher können schweißtreibend sein.

In Planten un Blomen kniet der Chef natürlich nicht persönlich. Bis zu zehn Mitarbeiterinnen und Mitarbeiter erledigen das in drei bis fünf Tagen. Es gibt zwar Maschinen, die Zwiebeln stecken können, aber die setzen die Knollen in strengen Reihen. Olinski zieht eine möglichst natürliche Verteilung vor. Dafür werden die verschiedenen Blumenzwiebelsorten in einer Kiste oder in der Schubkarre vermischt, auf die Fläche geworfen und dann einzeln mithilfe des passenden Geräts vergraben.

Für kleine Zwiebeln kann man ein Pflanzholz nehmen, ein tiefes Loch ist unerwünscht. Achtung: Nicht zu sehr rumrühren in der Erde, damit kein Hohlraum entsteht, die Zwiebel soll unbedingt voll aufliegen, damit sie sich fest verwurzeln kann. Faustregel: Das Loch sollte doppelt so tief sein wie der Umfang der Zwiebel.

Für Narzissen, Blausternchen und Co. gilt, was für jede Pflanze gilt: Der Standort muss stimmen, damit sie gut gedeihen. Winterlinge zum Beispiel, die mit die Ersten sind, die ihre Blüte zeigen, stehen gern unter Sommersträuchern, also im Halbschatten. Ihr leuchtendes Gelb überstrahlt im Frühjahr die Kahlheit der Erde. Sie vermehren sich durch Selbstaussaat oder über einen Wurzelstock und können richtige Teppiche bilden. Mit Blausternchen ergibt das einen tollen Farbkontrast.

Das Planen ist die größte Freude. Die verschiedenen Arten haben unterschiedliche Blütezeiten, sodass man von März bis Mai, bis die ersten frühen Sommerblumen kommen, schon Farbe im Beet oder auf dem Balkon hat. Es gibt fertige Zwiebelmischungen (auch online zu erwerben), die unter diesem Gesichtspunkt zusammengestellt sind.

In den letzten Jahren habe ich schon einige Knollen versenkt – und nie wieder etwas gesehen. Daran können Wühlmäuse oder Fäule schuld sein. Gegen Wühlmäuse kann man die Knollen mit Drahtpflanzkörben schützen.

Ob eine Pflanze zur Blüte kommt, hängt von mehreren Faktoren ab. Wichtig ist, dass die Knolle so etwas wie Winterkälte erfährt. Nur so erfolgt der Startschuss zur Entwicklung der Blüten. Außerdem muss die Zwiebel gesund sein, frei von Schimmel und Fraßspuren, prall, nicht matschig, aber auch nicht zu trocken. Teurere Ware garantiert keine besseren Resultate. Auch Discounter bieten mitunter gute Qualität an.

Wichtig ist der Zeitpunkt des Kaufs: ab Ende September. Dann kommen die frischen Blumenzwiebeln auf den Markt, bis November sollten sie dann auch in die Erde. Theoretisch kann man auch noch im Januar stecken, aber dann besteht die Gefahr, dass nicht genügend Wurzeln ausgebildet werden – die Pflanze schwächelt und kann keine schönen Blüten bilden. Manchmal kommen sogar nur Blätter zum Vorschein.

Bei Tulpen gilt: je größer die Knolle, desto größer die Blüte. Tulpen bevorzugen einen sonnigen Standort, gern mit Sandanteil im Boden. Viele Tulpen besitze ich allerdings nicht, mein Gewissen bremst mich: Rund zwei Milliarden Tulpen werden in den Niederlanden jährlich hergestellt, ohne Pestizide geht da gar nichts.

Züchtungen verwildern nicht, man muss immer wieder nachlegen, denn über die Zeit verliert die Zwiebel ihre Kraft – oder vergammelt. Manche Hobbygärtner holen die Tulpen nach der Blüte aus der Erde und lagern sie bis zum Herbst ein. Da halte ich es mit den Profis von Planten un Blomen: Entweder sie kommt wieder oder nicht. Seit einiger Zeit sind häufiger die zierlicheren Wildformen der Tulpe im Angebot, die sich vermehren.

Ich habe jetzt zwar ein spezielles Gerät als Pflanzhilfe, aber ehrlich gesagt ist das mindestens so anstrengend zu handhaben wie eine schlichte Schaufel. Es handelt sich um eine Art Minischaufelbagger am Stiel: ein Metalltubus, der an einem stabilen Griff befestigt ist und die ausgestochene Erde per Hebel freigibt.

Zwiebelpflanzhilfen gibt es in verschiedenen Ausführungen, die Preise reichen von 4,99 Euro bis um die 100 Euro. Es gibt auch solche, die man im Stehen benutzt, das soll Rücken und Knie schonen. Aber früher oder später muss man sich doch bücken, um die Knolle zu platzieren.

Dabei fällt mir wieder der Chef von Planten un Blomen ein. »Viele Hände, schnelles Ende«, sagt der. Nächstes Mal sollte ich ein paar Freunde einladen, den Feuertopf anheizen und eine heiße Suppe mit Brot am Stock in Aussicht stellen. Schon mit fünf Leuten könnte man schnell 100 Zwiebeln stecken und das Risiko einer Ischiasattacke minimieren.

KS

HACKSCHNITZEL, MEDITATIV

Vom Häckseln, Mulchen
und dem Nachdenken darüber

Eine der besten »Tatort«-Folgen spielt in der Pfalz, sie heißt »Tod im Häcksler« und handelt genau davon: von einem Toten in einem Häcksler, und er hat Spuren hinterlassen. Bei manchen Pfälzern, die beleidigt darauf hinwiesen, dass es kein sozialer Brauch sei in der Pfalz, dass man Menschen in Häcksler steckt. Und bei mir. Ich mochte diesen »Tatort« sehr, aber das Wort Häcksler hat bei mir seitdem einen unguten Klang.

Andererseits stand neulich der Nachbar neben einem enormen Haufen von Obstbaumschnitt und fütterte sinnend ein gar nicht mal so lautes Gerät damit. Mit den Hackschnitzeln werde er seine Himbeeren mulchen, sagte er. Zwei Tage verbrachte er mit den Ästen und dem Gerät, sein Kater saß interessiert daneben und schaute sich an, was der Nachbar tat, es wirkte geradezu meditativ.

Also vielleicht doch? Ein Häcksler?

Anders als mein Mitgärtner bin ich eher kein Maschinenmensch, ich falle auf anderes rein. Etwa darauf, dass man mir von klassisch geformten, seit Generationen so produzierten, liebevoll hergestellten Gießkannen erzählt, Gießkannen ohne Plastik, aber mit Geschichte, die dann fürchterlich schwer sind, was sich bei einer 10-Liter-Kanne rächt.

Aber ein Häcksler – er verwandelt Lästiges (Obstbaum-schnitt) in Wunderbares, in Kompostmaterial, in Mulch. Also googeln, in der Welt der Häcksler. Wie jedes Mal, wenn ich in fremde Welten tauche, kann ich mich über neue Wörter dort freuen.

Sicherheitseinfülltrichter. Selbsteinzug. Wiederanlauf-sicherung. Block-Release-System.

Ich wünschte mir ein Block-Release-System, unbe-dingt. Ich verfiel sofort diesen Wörtern, ich fand, sie haben eine eigene Poesie:

Der Verriegelungsgriff

des integrierten Fangkorbes

ist mit einer Sicherheitsabschaltung ausgestattet,

die den Motor

beim Herausziehen des Fangkorbes

ausschaltet.

Fange ich ein neues Leben an? Mulchend?

Ich besuchte dann meine prosaische Freundin, die im-mer schon maschinenaffiner war als ich – ihre Teigknet-maschine! Ihr Hochdruckreiniger! – und die natürlich auch einen Häcksler hat.

Einen Walzenhäcksler mit Turbine Cut System, so heißt das. Die Äste, die er frisst, sind bis zu zwei Finger breit. Das Gerät hat selbstverständlich ein Block-Release-System, mit dem sich Blockierungen entfernen lassen, ohne den Trichter abzumontieren. Es reicht mir bis zur Hüfte und hat den Umfang eines Gartenstuhls, das geht. Es ist lei-se genug, um bei ihr im Garten eines Mehrfamilienhauses betrieben zu werden. Der Kater meiner Freundin allerdings, auch sie hat einen, sitzt nicht meditativ daneben, wenn sie häckselt; er hat anderes zu tun. Oder er mag das Geräusch nicht. Es ist aber wirklich nicht lauter als bei einem Motorrasenmäher, nur höher. Sie zeigte mir die Hackschnitzel, die im Fangkorb landen – also manche Restäste sind ein wenig lang, aber sie verrotten trotzdem ganz gut, meint sie.

Womit wir beim Mulchen wären.

Vielleicht bin ich jetzt wieder ein Fall für die Selbsthilfegruppe »Gärtnern mit schlechtem Gewissen«, ich gebe es zu: Ich mulche nicht. Bisher nicht. Mulch soll die Erde feucht halten, Unkraut am Wachsen hindern und dann den Boden verbessern, wenn er verrottet ist, aber ich habe mich bisher nach denen gerichtet, die sagen: Mulchst du, dann freuen sich die Schnecken. Die lieben das, parken ein unter Rindenschnitzeln, du glaubst, du tust deinen Zucchini etwas Gutes, aber dann guckst du einmal hin, einmal her, und weg sind die frischen Triebe.

Soll ich es ausprobieren? Fange ich ein neues Leben an? Häckselnd? Mulchend?

Mulch. Mulch. Schönes Wort eigentlich. So schön, dass mein Rechtschreibprogramm es immer korrigieren will. Vielleicht muss es schon deswegen sein.   **BS**

HEILUNG DURCH GRÜN

Gärtnern auf Rezept

Alle reden von den gesundheitlichen Vorteilen des Gärtnerns. Auch ich bezweifle diese Wirkung nicht. Aber warum ist das so? Gibt es wissenschaftliche Erkenntnisse dazu? Auf der Suche nach Antworten stieß ich auf den Begriff der Gartentherapie – und fand mich bald in einem Folientunnel wieder, in dem Tomaten, Pflücksalate, Auberginen wachsen.

Dieses Gemüse ist nicht einfach nur zum Essen da, es soll auch helfen, Seelen zu heilen. Der Pflanztunnel befindet sich im Therapiegarten der Heinrich Sengelmann Kliniken (HSK) in Bargfeld-Stegen nahe Hamburg. Hier werden psychische Erkrankungen wie Depressionen, Ängste, posttraumatische Belastungsstörungen oder Abhängigkeitserkrankungen behandelt.

Menschen in schweren Lebenskrisen kommen in die HSK oder solche mit Psychosen. Die Behandlung umfasst psychiatrische, tiefenpsychologische und verhaltenstherapeutische Methoden sowie Kreativ- und Körpertherapien. Dazu zählen die Musik-, Tanz- und Kunsttherapie, die Werktherapie mit Holz und die Gartentherapie.

Unkraut jäten als Therapie? Gärtnern auf Rezept? Ja, die Gartentherapie gilt heute als wirksame Methode innerhalb der Ergotherapie und findet bei der Behandlung von psychischen Erkrankungen mehr und mehr Anerkennung und Verbreitung.

Das Fachgebiet ist noch jung, entsprechend wenig wissenschaftliche Studien liegen vor. Doch an der Wirksamkeit gibt es für Esther Daenschel, Gartentherapeutin in Bargfeld-Stegen, keinen Zweifel: »Es ist überdeutlich zu beobachten.« Ihre Erklärung ist so einfach wie überzeugend: »Wir sind alle ein Teil der Natur, und wenn wir die Natur spüren, aktiv wieder mit ihr in Kontakt kommen, spüren wir auch uns selbst.«

Durch seelische Erkrankungen ist oft der ganze Mensch wie erstarrt, weil Verzweiflung ihn dominiert. Manche Patienten und Patientinnen der HSK sind völlig hilflos, wenn sie ankommen; sie können sich nicht einmal die Zähne putzen, ein Gang von einem Zimmer ins andere erscheint unmöglich zu bewältigen. Im Umgang mit den Pflanzen, beim Säen, Herstellen der Stecklinge und Ernten erfahren die an der Seele Erkrankten unmittelbar, dass sie etwas bewirken können, dass sie etwas schaffen, etwas Schönes und Nützliches. Diese Erfahrung bewirke, so die Gartentherapeutin Daenschel, dass die Betroffenen – unter Umständen nach langer Zeit – überhaupt wieder etwas als sinnvoll erleben.

Die Dame, die mir gegenübersitzt, ist sehr gepflegt, sie trägt leichtes Make-up, wertvollen Schmuck. »Anfangs konnte ich nur Unkraut jäten«, sagt sie, »aber das war gut, es hat mich abgelenkt.« Später habe sie Blumen gepflanzt, sie durfte bestimmen, wie die angeordnet werden. »Ich mag es nicht so in Reih und Glied, das ist auch gleich akzeptiert worden.« Sie lächelt.

Sie ist nun seit fünf Wochen hier, es geht ihr inzwischen sehr viel besser. Die 78-Jährige geriet nach dem Tod ihrer Mutter in eine schwere Lebenskrise, eine Depression ergriff sie, sie wusste nicht ein noch aus und weinte nur noch. Anfangs bekam sie Medikamente zur Beruhigung, nach ein paar Tagen wagte sie sich mit in den Garten. Die Kunsttherapie interessierte die pensionierte Kunstlehrerin nicht, sie wollte lieber in die Natur: »Die frische Luft tut mir gut.«

Der große Vorteil an der Gartentherapie sei, dass das Angebot so niedrigschwellig ist, erklärt Daenschel. Man müsse nicht gleich ein Beet anlegen, man könne auch erst einmal nur Minzblätter zupfen und trocknen lassen. Die pensionierte Lehrerin profitiert ebenso von der Methode wie der Tischlermeister oder der Kokaindealer. Das sei ein Mann gewesen, der schwere Gewalttaten begangen habe, berichtet die Therapeutin. Sie habe ihm gesagt, dass ihr das bewusst sei, und ihn gleichzeitig willkommen geheißen: »Es ist wichtig, den Patienten auf Augenhöhe zu begegnen.« Bei dem Kokaindealer schlugen ihre herzliche, offene Art und das Therapieangebot an: Bald saß er ganz friedlich mit anderen Patienten am Tisch und stellte Kräuterseife her – in Herzchenform.

Die Gartentherapie zielt auf die Aktivierung verschütteter Ressourcen, sozialer Kompetenzen, auch die Kreativität wird gefördert. Aus Kräutern werden Salze hergestellt, Blüten zur Gestaltung von Lesezeichen oder Wandbildern genutzt. Das Gemüse darf für die stationseigenen Küchen verwertet werden. Der ungefähr 2000 Quadratmeter große

Garten hält für jeden etwas bereit. Es gibt ein überschaubares Heidebeet, eines nur mit Zinnien, die in allen Farben leuchten, einen Bauerngarten in Miniaturformat, wo der Porree neben Rosensträuchern wächst, eine Fläche nur mit Disteln, eine Art Hügelbeet, auf dem Kürbis gedeiht.

Dieses Beet habe ein Patient ganz allein angelegt, berichtet Daenschel. In rasender Geschwindigkeit habe er große Steine herangetragen und gewirbelt und geschwitzt. Als er fertig war, schnaufte er vor Anstrengung, aber es ging ihm gut: Die körperliche Aktivität hatte ihm geholfen, seine aggressive Energie abzubauen, er war erleichtert. Es sei wichtig, die Patienten individuell wahrzunehmen und ihnen entsprechende Anregung zu bieten. »Einen Menschen, der an einer Psychose leidet, würde ich nie zum Unkrautjäten in ein wildes Staudenbeet schicken«, sagt Daenschel, »das würde ihn völlig überfordern.«

Die Distelfläche nennt die gelernte Gärtnerin das »Rühr-mich-nicht-an-Beet«. Die Pflanzen sind attraktiv, aber piksen. Sie wirken einladend, aber wehren Nähe ab. Über die Eigenschaften dieser und anderer Pflanzen kann Daenschel mit manchen ihrer Schützlinge auf unverfängliche Art ins Gespräch kommen und vielleicht Parallelen vom Pflanzen- zum Menschenreich aufzeigen.

Sie ist froh, dass es inzwischen mehr wissenschaftliche Bemühungen gibt, die Wirksamkeit der Gartentherapie zu belegen. Doch das wird schwierig bleiben, glaubt sie: Man könne zwar dokumentieren, wenn es im Laufe der Therapie zum Beispiel Fortschritte in der Feinmotorik gebe, aber man könne das nicht messen und mit Zahlen belegen. Jeder Mensch reagiere eben anders auf die Reize und Eindrücke der Natur. **KS**

UNFREUNDLICHE MITBEWOHNER
Vom Umgang mit Blattläusen, Wühlmäusen und Steinmardern

Unkraut heißt heutzutage ja »Beikraut«, wenn man höflich zur Natur sein will. Wie heißen dann eigentlich Tiere, die man nicht mag? Untiere? Ungeziefer? Etwas Höfliches fällt mir nicht ein.

Auf solche Fragen kommt man, den herbstlichen Giersch rupfend an der Grundstücksgrenze, unmittelbar am Zaun, neben dem den Winter über die Marderfalle des Nachbarn stand. Leer. Sie war immer leer. Sie wird jetzt bald wieder aufgestellt. Der Nachbar meint, es sei jetzt wohl die vierte Mardergeneration, mit der er und die Autos der Familie zu tun hätten; Abschreckungsgitter, Hundehaare, Ultraschall, Elektroschocks brachten nichts. Jetzt hat er diese Lebendfalle und wartet immer noch auf den triumphalen Moment, da er den Gefangenen vorführt. Und dann dem Jäger übergibt, der das Tier mindestens 60 Kilometer weit wegbringt und auswildert, sonst ist der Marder gleich wieder da.

Die unerwünschten Tiere, mit denen ich zu tun habe, sind erfreulicherweise kleiner.

Die Wühlmaus zum Beispiel. Die Wühlmaus ist für mich nicht nur ein lästiges Tier, sondern auch eines mit Geschichte. Wir hatten immer wieder welche im Schrebergarten, früher. Meinen Vater brachten sie in Gewissensnot.

Einerseits war er Beamter in der Agrarverwaltung und sehr entschieden der Meinung, der Mensch habe das Recht zu bestimmen, was in seinem Einflussbereich wächst und was nicht, und er habe auch das Recht, sich bei seinem Umgang mit Kühen, Hühnern und Schweinen an ökonomischen Grundsätzen zu orientieren.

Andererseits liebte er Tiere. Die übergriffigen Wühlmäuse fing er mit großer Mühe lebend und setzte sie im Wald aus, um sie zu resozialisieren.

Meine Wühlmaus tobt sich auf der Wildblumeninsel aus, das darf sie. Bis zum Gemüsebeet ist es ein weiter Weg. Sollte sie ihn finden, wird sie den Knoblauch dort hoffentlich so wenig mögen, wie es der Naturschutzbund verspricht. Was die Tulpen- und Narzissenzwiebeln betrifft – ja, da hat sie einiges abgeräumt. Aber ich habe keine Lust, meine Zwiebeln alle in Blumenknäste zu stecken, in diese Drahtkörbe, die man angeblich braucht, als Zwiebelschützer. Ich pflanze manisch im Herbst und vergesse sofort wieder, was wo war. Und freue mich über jede Tulpe, jede Narzisse, die im Frühjahr tatsächlich kommt. Im Übrigen vertraue ich auf die dickliche Katze des Nachbarn, dass sie die Wühlmaus dann doch noch irgendwann fängt.

Noch kleineren Viechern begegne ich mit Kampfstoffen, aber nur biologischen. Ehrenwort. Ich erinnere mich mit Schrecken an die Zeit, da Schrebergärtner ganz selbstverständlich die neuen, hochwirksamen Produkte aus der Giftecke im Gartencenter auf ihr Selbstangebautes sprühten. Ich verfluche immer noch die Giftgläubigkeit in den

Sechzigerjahren, als es in Weinbaugebieten ganz normal war, so ist von Weinbauernkindern zu hören, wenn sie abends kotzten, weil sie aus der Arbeit in den Reben kamen. Nichts Besonderes. War halt so.

Der allerletzte Giftstoffeinsatz in unserem Garten war vor sechs Jahren, es war ein Kampf zweier Linien zwischen dem Mitgärtner und mir. Der Mitgärtner hatte sich die Ameisen auf dem Rasen vorgenommen. Ich fürchte, er hat die Sechzigerjahre-Strebergärtnererziehung doch nicht ganz unbeschadet überstanden. Vielleicht prägt es eben doch, wenn man in der Kindheit den Nachbarn ganz selbstverständlich mit Streichholz und Brennspiritus gegen Wespennester vorgehen sieht.

Es wäre verboten, heute. Damals war es Selbstverteidigung gegen das, was man als feindliche Kräfte im Garten ansah.

Die Ameisen waren die letzten Giftopfer, auch der Mitgärtner hat den Rückfall in die chemische Kriegsführung überwunden. Es sind wieder Ameisen da, und auf der Wildblumeninsel stören sie nicht weiter. Dass sie Blattläuse hegen, um ihnen Honigtau abzumelken – es stimmt ja. Aber es gibt Mittel gegen Unerwünschtes, und manchmal funktionieren sie sogar.

Natürlich kann man Blattläuse abstreifen und von Hand zerquetschen. Aber wenn ich sehe, was gerade auf meinem Holunder los ist, ziehe ich andere Methoden vor.

Es helfen auch: Brühen (Pflanzen einweichen, kochen, kühlen, Sud verdünnt versprühen), Auszüge (einweichen, verdünnt versprühen), Tees (kochen, kühlen, verdünnt versprühen). Von Jauchen, für die man das Grünzeug zwei Wochen lang einweichen muss, bis es gärt und stinkt (ja, Gesteinsmehl soll dagegen helfen!), habe ich bisher die Finger gelassen.

Dem Holunder und den Rosen gab ich Brennnesseltee und -brühe: Die Läuse wurden weniger. Schachtelhalmbrühe bekamen letztes und vorletztes Jahr die Rosen: Es ging ihnen prächtig. Vielleicht wäre es ihnen aber auch ohne die Brühe prächtig gegangen, man weiß es nicht.

Mein bester Freund bisher ist der Rainfarn. Ich hole ihn unten am Fluss, es ist eine hüfthoch wachsende Pflanze mit kleinen gelben knubbeligen Blüten. Sie riecht unangenehm – für Insekten. Angeblich packten sich schon die Ritter im Mittelalter Rainfarn unter die Rüstung, damit da nichts krabbelte und juckte. Vielleicht auch, weil Rainfarn immer noch weniger streng riecht als Ritterschweiß. Jedenfalls habe ich ein paarmal verdünnte Rainfarnbrühe auf meine Hängebuche gesprüht, die bei Wollläusen sehr beliebt ist. Und: keine Laus mehr, keine einzige! Soweit ich es erkennen kann.

Es war ein Glücksmoment, es gab noch ein paar mehr. Dass wir dieses Jahr vergleichsweise wenig Schnecken haben – es könnte an den Eidechsen liegen. Sie breiten sich aus. Sie lieben unsere Trockenmauer, wohnen darin, auch unter Steinen und in einem Baumstumpf. Sie huschen fix weg, liegen dann aber auch entspannt auf dem Dach des Insektenhotels, in dem niemand wohnt, und ich weiß jetzt: Eidechsen fressen Schnecken. Und deren Brut.

Und dann sah ich gestern etwas auf einem Steinweg liegen, was ich als Kind gehasst und gefürchtet hätte: eine Blindschleiche. Sie stellte sich tot, aber sie lebte. Blindschleichen mögen Nacktschnecken und deren Brut, und sie mögen naturnahe Gärten. Diese hier mag meinen.

Ich empfinde das als Kompliment. Ich könnte mir das als Zertifikat vorstellen, wie in der Sterneküche: Kategorie eine Blindschleiche, zwei Blindschleichen, drei...

Ich würde sagen: Eine Blindschleiche haben wir uns bis jetzt verdient. Wir bleiben dran. **BS**

GANZ SCHÖN GIFTIG

Lob des Fingerhuts

Gerne nehme ich Ableger aus dem Garten meiner Eltern mit, einmal einen kleinen Fingerhut. Ich finde diese großen, stolzen, etwas wilden Blumen mit den vielen kleinen kelchförmigen Blüten sehr attraktiv. Ja, ich weiß, der Fingerhut ist giftig. Aber ich will ihn ja nicht essen. Und ich habe Handschuhe angezogen, als ich mit ihm hantiert habe.

Es gibt sehr viele giftige Blumen und Sträucher; sie zu verteufeln, finde ich grundfalsch. Giftig zu sein ist keine per se negative Eigenschaft. Häufig werden die Wirkstoffe dieser Pflanzen für Heilzwecke verwendet. Es gilt, wie in vielen Bereichen des Lebens: Die Menge macht das Gift.

Ich bin auf dem Land aufgewachsen und habe als Kind viel Zeit in der Natur verbracht. Meine Mutter hat mir viel über Flora und Fauna beigebracht und mich immer vor giftigen Pflanzen gewarnt. Nie wäre mir in den Sinn gekommen, eine Tollkirsche in den Mund zu stecken.

Sauerampfer oder Löwenzahn durfte ich probieren, eine unbekannte Pflanze ließ ich grundsätzlich in Ruhe. Und Zimmerpflanzen sind auch nicht zum Essen da. Diese schlichten Regeln reichten aus, um mein Überleben zu sichern.

So einfach sei das aber nicht, erklärt mir der klinische Toxikologe Dr. Martin Ebbecke, einer der Leiter der Gift-Informationszentrale Nord in Göttingen. Bei ihm und seinen Kollegen melden sich Menschen aus ganz Norddeutschland, wenn sie befürchten, etwas Giftiges zu sich genommen zu haben.

Die Fragen betreffen Arzneimittel, chemische Produkte wie Abbeizmittel, Scherzartikel oder Kosmetikprodukte, zum Beispiel Haarpflegemittel – alles kommt in der Statistik des Giftnotrufs vor. Natürlich auch Pflanzen aller Art.

Die meisten Anrufe, bei denen eine Vergiftung durch Pflanzenstoffe vermutet wird, betreffen Kleinkinder zwischen ein und drei Jahren, sagt Ebbecke. Kinder stecken sich in diesem Alter bei der Entdeckung der Welt gern alles Mögliche in den Mund. Wie gefährlich sind dabei Pflanzen wie der Fingerhut?

Die gute Nachricht: In seiner Praxis hat Ebbecke noch keinen einzigen Todesfall bei einem Kleinkind infolge von Pflanzenverzehr dokumentiert. Eine einzelne Beere oder ein kleines Blatt sind nicht tödlich. Nach seiner Beobachtung werden Pflanzenvergiftungen mit tödlichem Verlauf meistens absichtlich herbeigeführt, sagt der Experte.

Die große Ausnahme sind Pilze. So ging 2021 der tragische Fall zweier afghanischer Jungen durch die Medien, die in ihrer Notunterkunft in Polen Grüne Knollenblätterpilze gegessen hatten. Es gebe Leute, so Ebbecke, die bedenkenlos jeden Pilz mitnehmen, braten, essen und erst hinterher feststellen, dass er Ähnlichkeit hat mit einem Giftpilz, den sie im Internet entdeckt haben. Dann rufen sie in Göttingen an und wollen wissen, was zu tun ist.

Beim Sammeln des gerade so hippen Bärlauchs wird das würzige Kraut manchmal mit giftigen Maiglöckchen-

blättern oder – noch schlimmer – mit denen der hochgiftigen Herbstzeitlosen verwechselt, die früh im Jahr ihr Laub
entwickeln. Das endete in Süddeutschland und der Schweiz
in jüngerer Vergangenheit einige Male tödlich.

Natürlich gilt es, auch nicht lebensbedrohliche Vergiftun-
gen zu vermeiden. Aber muss ich deshalb auf meinen Blauen
Eisenhut verzichten? Ist die Verbannung von Eibe, Goldregen
und Herbstzeitlosen aus dem Garten wirklich die Lösung?

Natürlich sollte man solche hochgiftigen Gewächse nicht
auf Spielplätzen ansiedeln, aber im privaten Bereich spricht
nichts dagegen, wenn man die Gefahren kennt. Man muss
wissen, was genau da wächst – und entsprechende Schutz-
maßnahmen ergreifen. Handschuhe sind unerlässlich.

Der Toxikologe Ebbecke hat den Eindruck, dass es einerseits völlig unbedarfte Menschen gibt, die sich mit ihrer Sorg-
und Furchtlosigkeit in Gefahr bringen. Andererseits gebe es
die Übervorsichtigen, ebenfalls schlecht Informierten, die
Angst haben, schon beim Vorbeigehen an einer Eibenhecke
Schaden nehmen zu können.

Ich hoffe, bald ein paar prächtige Fingerhüte in unserem Garten bewundern zu können. Und wenn dann meine
kleine Großnichte zu Besuch kommt, passe ich besonders
gut auf sie auf. Und erkläre ihr, was es mit dieser Schönheit
auf sich hat: dass sie giftig ist und sie diese Pflanze wirklich
nur angucken darf. Aber auch, dass sie einen Wirkstoff,
das Digitalis, in sich trägt, der Menschen mit einem schwa-
chen Herzen das Leben retten kann. Es kommt auf die
Dosis an. **KS**

DER GROSSFÜRST UND ICH

Vom Luxus, einen großen Baum zu kaufen

Die Nachbarn spotteten, als unser neuer Baum kam: »Ihr habt ihn verkehrt rum gepflanzt. Die Wurzeln sind oben.« Es ist eine Hängebuche, fast drei Meter hoch, oben biegen sich dicke Äste, die Zweige reichen wie lange Locken bis auf den Boden. Es ist der Baum, den wir im zweiten Coronajahr gekauft haben, anstatt in den Urlaub zu fahren, und ich wünschte, ich hätte das Preisschild entfernt, bevor die Verwandtschaft danach in den Garten kam. »Ha!« Ich glaube, es war die Cousine. »Ha! Ich habe mich immer gewundert, wer so was kauft. Also ihr seid das!«

Es war, man muss es wohl so sagen, ein Anfall von Fürst Pückler. Ich hatte wieder mal Bilder gesehen von seinem Park in Muskau in der Oberlausitz, hatte Wörter im Kopf wie Sichtachsen, Durchblicke, Spannungsbögen, dann stand da diese wunderbare Hängebuche in einem Riesenkübel in der Baumschule, und in meiner Einbildung war das plötzlich Landschaft, was da bei uns hinter dem Haus war, und nicht einfach nur ein Garten.

Bisher waren wir eher vernünftig gewesen bei der Gartenbepflanzung. Also, meistens. Also, ziemlich.

Die Baumhasel zum Beispiel musste einfach her. Wir hatten festgestellt, dass wir von unserer Sitzbank aus genau auf die Fahnenstange eines Nachbarn blicken – nicht der spottende Nachbar, ein anderer –, und daran hing neuerdings eine Fahne, etwa in der Größe, wie man sie vor Rathäusern hisst. Ich mag keine Nationalflaggen sehen, egal welche, und der Mitgärtner wird noch grantiger als ich, wenn man ihn dazu zwingt. Also: die Baumhasel. Direkt in der Blickrichtung. Leider sind dabei zwei Fehler passiert. Es ist ein schmaler Baum, säulenförmig, zu schmal für den Zweck. Und mit der Blickrichtung haben wir uns leicht vertan. Die Fahne kann man, nein, muss man leider immer noch sehen.

Die Himalaya-Hängezeder: Sie sah so puschelig aus, wie ein Pudelmischlingswelpe im Tierheim, sie musste einfach mit. Sie ist jetzt sechs Jahre bei uns und etwas größer als ich und wächst vor allem in die Breite, puschelig noch immer, sie macht Spaß. Allerdings habe ich jetzt gelesen, dass sie doch 40 Meter hoch werden kann. Sie finde eher in Grünanlagen oder öffentlichen Parks ihren Platz. Das hatte ich vorher nicht gelesen, und ich verdränge es jetzt.

Unsere Wildhecke haben wir auch vor sechs Jahren gepflanzt, und da steht fast nur Vernünftiges: Weißdorn, Schlehe, Kornelkirsche, Holunder – Insektenfutter eben. So hatte ich mir das vorgestellt. Aber ich hatte mir auch vorgestellt, dass die Gewächse jetzt, nach sechs Jahren (bis auf den Holunder), schon höher wären.

Große Bäume, alte Bäume zu pflanzen, das hat schon was. Vor Jahren habe ich dienstlich eine Baumschule in Norddeutschland besucht, die ihre Kundschaft weltweit mit Prachtexemplaren versorgt, bis zu 15 Meter hoch, bis zu

10 Tonnen schwer. Die Bäume müssen vorher »verschult« werden, im Klassenverband alle drei bis vier Jahre umgesetzt, damit sie immer wieder neue Faserwurzeln bilden. Eine übliche Praxis, auch wenn es wie Schwarze Pädagogik klingt. Seit mehr als 150 Jahren machen die Leute von der norddeutschen Baumschule das, beliefern heute Kommunen und reiche Leute, hatten immer schon reiche Leute in der Kundenkartei: den preußischen Hof, einen Alexander von Südslawien, einen Großfürsten in Sankt Petersburg.

Der Großfürst und ich – hm. Ich mag keine Gemeinsamkeiten mit Großfürsten. Aber dann fiel mir der wirklich kleine Lastwagen von der Baumschule und der wirklich kleine Kran ein, mit dem unser Dreimeterbaum gepflanzt wurde, Großfürstenausmaße hatte das nicht.

Wir wollten nett zum neuen Baum sein. Wir gossen wie blöd, alle zwei Tage 40 Liter, das war die Anweisung. Die Blätter wurden gelblich, die Buche litt, es ging ihr sichtlich nicht gut.

Wir suchten neuen Rat und erfuhren: Gießen wie blöd ist auch ziemlich blöd. Man schwemmt die ganzen Nährstoffe weg. Ich habe also organisch gedüngt, weniger gegossen, und ich hoffe.

Der Baum verliert immer mehr Blätter, aber das darf er ja jetzt. Ich hoffe auch, dass er in seiner Schule gut gelernt hat. Dass er dem Spott des Nachbarn zum Trotz ein Prachtbursche wird. Mein kleines Stück Muskau. Wenn Corona verschwunden oder wenigstens unwichtig geworden ist, dann ist er hoffentlich immer noch da. **BS**

188

TEUER, UNVERNÜNFTIG UND HERRLICH

Geständnisse einer Poolbesitzerin

Wenn ich mit Fremden über den Garten spreche, erwähne ich ihn selten oder nur verschämt. Selbst nach fast sieben Jahren habe ich manchmal noch das Gefühl, ich müsse mich rechtfertigen. Es ist elitär, auf den ersten Blick auch unvernünftig – und absolut herrlich: Wir haben einen Pool.

Der Hauskauf war ja eigentlich durch meine Sehnsucht nach einem Garten initiiert worden. Mein Mann und Mitbewohner fand Blumen ganz schön, Gärtnern interessierte ihn eher nicht so. Doch als wir das Objekt gefunden hatten, stellte sich bald heraus, dass er sehr genaue Vorstellungen von der Gestaltung des Gartens hatte. Eine Rasenfläche, wie sie bestand, kam für ihn nicht infrage. So eine 08/15-Anlage erinnerte ihn zu sehr an sein spießiges Elternhaus. Andere Gestaltungsideen standen nicht zur Diskussion. Es musste ein Pool sein.

Ich war dagegen: die Kosten, die Arbeit, der Platz – und wie ökologisch ist das eigentlich? Doch zunächst spielte ich mit, scherzte, recherchierte; ich dachte nicht, dass es zum Äußersten kommen würde. Aber nach einigen sehr kontroversen Gesprächen – viel zu teuer, wir wohnen in Hamburg, hier ist es doch viel zu kalt, du bist verrückt – musste ich erkennen, dass er es ernst meinte: Entweder ließen wir einen Pool bauen, oder er würde dort nicht einziehen.

Garten ohne Mann war für mich keine Option. Also habe ich heute einen Garten mit Pool und einen Mann, der das Keschern als seine Art der Meditation betreibt und sich langsam vom Hilfs- zum Spezialgärtner entwickelt.

Neun Meter lang, drei Meter breit ist das Schwimmbecken, ungefähr drei mal zwei Meter das dazugehörige Filterbecken. Es ist ein Naturpool ohne Chemie. Das Wasser wird mit einer Pumpe vom Schwimm- in den Filterbereich befördert, wo die Pflanzen und die Steinschichten es reinigen, dann fließt es wieder zurück.

Die Bauphase war grauenhaft. Monatelang war das, was eigentlich mein Garten werden sollte, eine braune Matschwüste, mit einem stetig wachsenden, viel zu tiefen Loch. Der lehmige Boden bereitete den Arbeitern vor allem bei Regenwetter Schwierigkeiten, auch der kleine Bagger ächzte. Im März begann die Aktion, im April telefonierte ich deprimiert mit meiner Mutter. Sollte ich nicht jetzt draußen sein und Stauden pflanzen? Sie versuchte mich zu trösten: »Wenn es fertig ist, wird es wunderschön.«

Im Mai hatte das Ganze Gestalt angenommen, wunderschön war es noch nicht. Im Juni konnte das Wasser eingelassen werden. Der Pool war tiefer als verabredet geworden: fast 1,80 Meter. Ich hatte für 1,60 Meter plädiert, die Jungs – mein Mann und die Gartenbauer hatten sich verbündet – waren dagegen. Man müsse doch auch reinspringen können; 1,70 Meter müssten es schon sein. Das erste Schwimmen war fantastisch.

Nach fünf Jahren wage ich mal den Blick zurück. Viel zu teuer? Der Bau ist sehr teuer, ja. Andere Leute kaufen sich stattdessen einen japanischen Mittelklassewagen. Da das Wasser immer drinbleibt, nur ab und zu aufgefüllt werden muss, bleiben diese Betriebskosten überschaubar. Die Pumpe verbraucht Strom, angesichts steigender Energiepreise ein nicht zu unterschätzender Faktor. Womit die Frage nach der ökologischen Vertretbarkeit im Raum steht.

Dem Stromverbrauch auf der negativen Seite der Bilanz steht die Fülle des Lebens gegenüber. Die Wasserqualität entspricht der eines Natursees, es dürften sich Abermillionen Kleinstlebewesen hier tummeln. Vögel lieben es, im Filterbecken zu baden und zu trinken. Eichhörnchen und Nachbarkatze naschen auch am kühlen Nass. Insekten freuen sich ebenfalls, regelmäßig beobachten wir Libellen, die dort offenbar ihre Eier legen. Frösche haben wir – zum Glück – nicht. Deren Gequake kann ganz schön durchdringend sein. Das Filterbecken ist ihnen wohl zu flach, das Schwimmbecken bietet keine Deckung. Wenn sich doch mal einer verirrt, fischen wir ihn raus. Ertrunkene Frösche mussten wir erfreulicherweise noch nicht bergen, aber drei arme Mäuschen im Laufe der Jahre.

Zu viel Arbeit? Der Poolherr keschert jeden Tag, mehrmals, und manchmal kann er das genießen. Manchmal nervt es. Alles, was ins Wasser fällt, vergeht und bildet Biomasse, die als Matsche am Boden landet, das entspricht nicht seinen ästhetischen Ansprüchen – und wäre auf Dauer dem biologischen Gleichgewicht wohl nicht zuträglich. Er schrubbt die Wände, um zu verhindern, dass die Algen es sich da gemütlich machen, den Boden übernimmt unser Poolroboter. Den haben wir Willi getauft, nach dem Wal aus dem Film »Free Willy«, weil das Teil gern prustend die Wasseroberfläche durchbricht, wenn es die Wand hochgefahren ist.

Das Schilf muss im Herbst geschnitten werden, im Frühjahr wird eine Antialgenbehandlung durchgeführt, wie sie auch bei Fischteichen üblich ist. Kommt man nach drei Wochen aus dem Urlaub zurück, sieht das Ganze aus wie Sau, und man fängt von vorne an mit der Putzerei.

Ganz schön viel Arbeit, ja. Aber der Poolherr beklagt sich nicht, und wenn ich meine Bahnen ziehe, sage ich Danke, Danke, Danke, dass wir so einen schönen Pool haben. Morgens vorm Frühstück oder nach der Arbeit an einem heißen Sommertag zu schwimmen ist und bleibt der ultimative Luxus für mich.

Meine Sorge, ich hätte zu wenig Platz, meine Gärtnerleidenschaft auszuleben, hat sich als unbegründet herausgestellt. Das verbliebene Terrain reicht mir vollkommen. Und mein Einwand, es sei zu kalt in Hamburg, ein Pool würde sich also gar nicht lohnen, kann sich auch nicht mehr halten.

Der früheste Saisonbeginn war Mitte Mai, der späteste Schwimmtag war bisher ein 15. September, bei jeweils 20 Grad Wassertemperatur, unsere persönliche Untergrenze.

Und unsere Möglichkeiten haben sich gerade erweitert: Im Urlaub waren wir in einem Bergsee schwimmen, der hatte nur 18 Grad, und was wir da konnten, trauen wir uns jetzt auch daheim.

Während drei bis vier Monaten wird der Pool benutzt, oft mehrmals am Tag. Den Rest des Jahres liegt er da, waldseegrün, und strahlt Ruhe und Harmonie aus. Wasser als Gestaltungselement im Garten ist wunderschön. Das hätte man auch platzsparender, weniger aufwendig, preiswerter, hinbekommen. Aber dann könnte man nicht reinspringen. Platsch! **KS**

Der diplomierte Gartenbau-Ingenieur
OLAF SCHNELLE, *56, baut in Meck-
lenburg-Vorpommern seltenes Gemüse und
Kräuter an, Sterneköche aus der ganzen
Republik sind seine Kunden. Wieso das so
ist? Nicht nur sein Gemüse ist von exklusiver
Qualität, sondern auch der Boden, in dem
es wächst.*

»SO BLEIBT DER BODEN LEBENDIG.«

Herr Schnelle, Sie betreiben »regenerative Land-wirtschaft«. Was sind die wichtigsten Arbeiten im Herbst? Die Ernte für den Winter sichern – und Pflanzpläne für das kommende Jahr erstellen. Und hier in der Gemüsegärtnerei bereiten wir auch den Boden für die nächste Saison vor.

Wie geht das? Wir bringen die Winter-Gründünger-saat aus: Pflanzen wie Winterroggen oder Grünschnitt-roggen, Pannonische Wicke oder Winterfutterraps Akela, die keine andere Funktion haben, als den Boden zu durchwurzeln und das Bodenleben zu ernähren. Je früher wir das machen, desto besser, weil dann die Durchwurzelung des Bodens intensiver ist. Im April schneiden wir die Pflanzen dann und arbeiten sie als Gründünger flach in den Boden ein. Es wird nur ge-hackt, nicht gegraben. Beim Umgraben wird das Bo-denleben zu stark gestört, da geraten Mikroben in Schichten, in denen sie nicht sein wollen.

Warum sollen die Wurzeln tief gehen? Reicht es nicht, wenn die Pflanzenreste nach dem Schnitt verrotten? Nein, erst fördern die lebenden Wurzeln das Bodenleben. Später werden sie zur organischen Substanz, die von ebendiesem zersetzt wird. Je mehr Leben im Boden, desto mehr Humus entsteht und desto fruchtbarer und damit nahrhafter wird er für die Gemüsepflanzen. Die Gründüngerpflanzen werden auch nicht einfach sich selbst überlassen. Ich begieße sie vor dem Schneiden mit einem Sud aus fermentierten Pflanzen. So entsteht dann veganer Mist.

Wie bitte? Wir orientieren uns an den fruchtbarsten Böden der Welt: Das sind die Schwarzerdeböden. Die finden sich vor allem in Steppenlandschaften, die regelmäßig von Büffeln oder Bisons abgegrast werden. Die Wiederkäuer ziehen langsam über die Flächen, fressen, verdauen, kacken – und die nachfolgenden Tiere trampeln da drauf und arbeiten den Mist so sanft in den Boden ein. Die Gräser wachsen nach, und alles fängt einige Monate später wieder von vorne an. Der Humusgehalt ist dort sehr hoch. Mit meinen fermentierten Pflanzen bringe ich ähnliche Bakterien in den Boden ein, wie sie im Wiederkäuermist vorkommen. So bleibt der Boden lebendig, er nimmt Nährstoffe auf, Bakterien und Mikroben machen ihren Job – und dann entstehen neue Nährstoffe, die meinem Gemüse zugutekommen.

Was haben Sie gegen echten Mist? Wir haben keine Kühe, und ich mag es nicht, Fremdstoffe in großem Umfang in meine Gärtnerei zu importieren. Mist von Kühen aus konventioneller Haltung käme allein wegen der enthaltenen Antibiotika nicht infrage.

Nutze ich zur Gründüngung andere Pflanzen, wenn sich mein Garten in einer kalkigen statt einer lehmigen Gegend befindet? *Jeder* Boden wird in seiner Humusbildung von einer möglichst divers zusammengesetzten Pflanzenschicht profitieren. Wichtig ist eine ausgewogene Mischung aus Gräsern und Kräutern. Deren Wurzelexudate, also die Stoffe, die die Wurzeln abgeben, bringen das Bodenleben in Schwung. In der Wechselwirkung zwischen Pflanze, Boden und Mikrobiom entsteht dann »lebendiger Boden«, also Humus.

Das klingt alles clever und gesund – warum wenden nicht mehr Bauern die Methoden der regenerativen Landwirtschaft an? Vor allem glaube ich, dass sich das Verständnis von Boden, von Erde, grundsätzlich wandeln muss. Als ich in den Neunzigerjahren studiert habe, wurde der Boden als etwas Totes, als ein Ding betrachtet. Wie eine Vase, in die man Nährstofflösung und eine Pflanze reinsteckt – dann erntet man und fertig. Dass der Boden voller Lebewesen ist oder jedenfalls sein sollte und welche

Prozesse da ablaufen, welche Wechselwirkungen von Wurzeln und Boden es gibt, die wiederum das Pflanzenwachstum beeinflussen, das war nicht Gegenstand der Lehre. Bodenkunde und Pflanzenernährung waren zwei völlig voneinander getrennte Fächer, ohne Überschneidungen, das ist doch verrückt!

Ist Ihre Methode nicht schlicht zu arbeits- und damit kostenintensiv für die konventionelle Landwirtschaft, die auf Massenproduktion ausgerichtet ist? Nein, es entfallen ja andere Tätigkeiten wie teure mineralische Düngemittel oder noch teurere Pestizide ausbringen. Außerdem spart man sehr viel Geld, weil man auf diverse teure Maschinen verzichten kann. Mein Nachbar, ein fortschrittlich denkender konventioneller Landwirt, sieht, wie ich wirtschafte, und überlegt sehr intensiv, das zu adaptieren. Ich bin überzeugt, dass das klappen würde, aber alte Gewohnheiten sind schwer zu überwinden. Grundsätzlich möchte ich infrage stellen, ob die Produktionsmengen überhaupt sinnvoll sind. Es wird ja viel weggeschmissen. Über kurz oder lang, glaube ich, wird der konventionellen Landwirtschaft nichts anderes übrig bleiben, als sich umzustellen. Die Böden sind am Rande ihrer Kapazitäten, die sind völlig ausgelaugt. Mit der regenerativen Landwirtschaft wird die Ertragfähigkeit des Bodens nicht nur erhalten und sogar verbessert, sie kommt außerdem der CO_2-Bilanz zugute.

Haben Sie gar keine Probleme mit Schädlingen oder Unkraut? Nein, meine Pflanzen sind extrem gesund und widerstandsfähig, dank der Art der Kultivierung. Und Unkraut gibt es für mich nicht. Die meisten Wildkräuter kann man schließlich essen, Franzosenkraut, Vogelmiere, Giersch – die biete ich alle mit an. Außerdem stehen die Gemüse sehr eng beieinander, so hat anderes Kraut wenig Platz, und die Früchte bleiben schön klein, das lieben die Sterneköche.

Ist Gründüngung auch etwas für mich, in meinem privaten Garten? Auf jeden Fall. Das Problem ist, dass man diese speziellen Saatmischungen meistens nur in sehr großen Mengen bekommt. Und die Zerkleinerung des Schnittguts ist auch nicht so einfach ohne eine entsprechende Maschine, da habe ich leider noch keine Lösung für den Kleingärtner. Wir haben einen Schlegelmäher …

… Schlegelmäher? Ja, ein Mähwerk, das die Pflanzen gleichzeitig häckselt, das schließt die Pflanzen richtig auf, so können die Säfte gut in den Boden sickern.

Wirklich praktikabel ist das ja sowieso nur auf einem leeren Beet, also im Gemüsegarten. Was empfehlen Sie Leuten mit Staudenbeeten voller Blumen? Mulchen. Aber auf gar keinen Fall mit Rindenmulch! Gehäckselter Obstschnitt geht, schön fein sollte der sein und richtig gut abgelagert, das ist wichtig. Am besten wäre aber Heulage.

Aha. Was ist das? Die Mahd der Heuernte wird eingewickelt in Planen, darin gärt es nach einer Zeit. Das ist die Heulage. Durch den Gärungsprozess werden die Samen abgetötet, und die entstandenen Milchsäurebakterien sind das, was wir haben wollen. Ist natürlich die Frage, ob Sie da drankommen. Gemischtes Laub ist auch eine gute Alternative fürs Blumenbeet.

Und Ihre Pflanzenfermente? Kann man die kaufen? Noch nicht, ich arbeite aber daran. Auf jeden Fall will ich, dass das duftet. Das ist nicht so leicht. Es darf nicht stinken. Man will den Kleingarten ja auch im gedüngten Zustand genießen können.

Das Interview führte Katharina Stegelmann.

WINTER

Über die Rekonstruktion der urgermanischen Form *wintru- herrscht in der Wissenschaft wohl halbwegs Einigkeit. An der Herleitung der ursprünglichen Bedeutung des Wortes jedoch haben sich Generationen von Linguisten die Zähne ausgebissen. Ob das Wort Winter mit den Elementen Wind, Wasser oder der Himmelsrichtung Norden zusammenhängt oder nicht – die kälteste Jahreszeit galt einst nicht als vierte im Bunde, wie heute. Die Germanen kannten nämlich nur Sommer und Winter, und sie zählten ihre Jahre nach Letzterem. Das passt: Ich habe im Januar Geburtstag. Und so ungemütlich, anstrengend, ermüdend der Winter sein kann: Wenn ich an meine Kindergeburtstage denke, bei denen meine Mutter die Gästeschar im dunklen Zimmer mit Gruselgeschichten zum Kreischen brachte, geht mir das Herz auf. Und wie es in Finnland heißt: »Selbst der strengste Winter hat Angst vor dem Frühling« – ab dem 20. Dezember werden die Tage wieder länger, das Happy End ist gewiss.

IM WINTER,

davon lesen wir in diesem Kapitel, können auch in Hamburg die Passionsblumen blühen. Man freut sich – und hat ein schlechtes Gewissen wegen des Klimawandels, der auch vor historischen Gärten nicht haltmacht. Der Rasenroboter macht eine Pause, die Weihnachtsdeko hingegen kommt mit Gold und Glitzer. Manchmal sorgt man sich, weil kein Vögelchen in Sicht ist, manchmal sucht man das Gespräch mit einem Politiker über Obstbaumschnitt. An den kurzen, dunklen Tagen ist die Sehnsucht nach ein bisschen Grün besonders groß, Lektüre des Gartenpoeten Karl Foerster kann Abhilfe schaffen, an den noch dunkleren Abenden hat man endlich Zeit, sich auf Vorbilder zu besinnen, da ist die Großmutter ebenso im Spiel wie Gärtner Pötschke. Nicht mehr lange hin, dann zeigen sich die allerersten Vorfrühlingsboten, die manche Leute ganz verrückt machen. Bis dahin ist Zeit für die Frage, was wir beim Gärtnern eigentlich erreichen wollen.

IM KLIMASTRESS

Passionsblumen im November

Kalendarisch beginnt der Winter, die Jahreszeit für Ruhe und Einkehr, am 20., meteorologisch bereits am 1. Dezember. Das ist nicht mehr lange hin, doch in meinem Garten blüht es, als ob es kein Morgen gäbe. Rosen, Kapuzinerkresse, Hortensien – das mag dem bisher so milden Herbst geschuldet sein. Aber Passionsblume, Schwarzäugige Susanne, Husarenknöpfchen und Mohn – alles wahre Sonnenanbeterinnen, Hochsommerblüher, echte Warmduscher? Ist das noch normal? Oder ein Zeichen des Klimawandels?

Die Antwort lautet: Es ist offenbar ein Zeichen. Die Erderwärmung provoziert veränderte Vegetationsphasen der Pflanzen. In meiner Gartenfreunde-Facebook-Gruppe habe ich am Anfang des Monats ein paar Bilder von meinen Blüten gepostet und gefragt: »Was blüht bei euch am 2. November?«

Die Vielfalt, die gezeigt wurde, war überwältigend. Dahlien, klar, das sind typische Herbstblumen, doch es waren auch Lupinen und Akelei dabei. Das ist ziemlich verrückt, vor allem die Akelei ist eine klassische Frühsommerschönheit, die normalerweise im Juli ihre Blüten verliert. Eine Frau schrieb: »Eisblumen«, immerhin.

Wissenschaftlich untersucht und dokumentiert ist vor allem die Veränderung der jahreszeitlichen Entwicklung sogenannter Leitpflanzen. Als solche bezeichnet man zum Beispiel Forsythien, eine der frühesten Pflanzen im Jahresablauf. Mit ihrem Erblühen setzt für den Botaniker eine neue phänologische Phase im Jahr ein, weitere Pflanzen beginnen mit dem Wachstum. Deshalb gilt die Forsythienblüte eigentlich als verlässlicher Indikator, keine harten Fröste mehr fürchten zu müssen, sie ist Startsignal, um zum Beispiel den Rosenschnitt zu erledigen.

Der WWF zitiert zu diesem Thema verschiedene Studien, nach denen zum Beispiel in Hamburg die Forsythienblüte etwa vier Wochen früher beginnt als 1945; Apfel- und Kirschbäume blühen in Deutschland demnach heute um etwa acht Tage eher als noch Ende der Achtzigerjahre. Insgesamt verlängert sich die Vegetationsphase, die Blätter (und Blüten) fallen später im Jahr ab.

Diese Erscheinungen kann man leider nicht schlicht als ästhetischen Gewinn verbuchen. Dass der Klimawandel aus vielen Gründen eines unserer größten globalen Probleme ist, ist klar. Aber wenn ich mich trotzdem mal kurz auf die Probleme beschränken darf, die das im Garten mit sich bringt: Eines davon ist, dass zum Beispiel die Eisheiligen stur an ihrem Termin im Mai festhalten. Es kann zu Frost kommen, und der trifft nun immer häufiger auf Blüten, die im Gegensatz zu geschlossenen Knospen sehr empfindlich reagieren. Die Obsternte gerät dadurch in Gefahr, auch kurz geschnittene Rosen könnten leiden.

Das andere Klimaphänomen, das jeden Privatgärtner betrifft, sind die langen Trockenphasen und das damit einhergehende Sinken der Grundwasserspiegel. Darf man überhaupt noch gießen? Der Gartenkustos des Botanischen Gartens in Hamburg sieht das differenziert. Stefan Rust, 59, ist gemeinsam mit dem Leiter der Anlage zuständig für die wissenschaftliche Betreuung der Freiflächen und Gewächshäuser. Privat gärtnert Rust möglichst naturnah und umweltfreundlich. Das Sprengen von Rasenflächen lehnt der Botaniker ab.

In seinem Garten gibt es zwar Grünfläche, die sei aber voller verschiedener Gräser, Klee und Wildkräuter, die immer wiederkämen: »Wenn es im Sommer vier Wochen nicht regnet, wird die Fläche braun, ja. Na und? Nach dem ersten Regen wird sie auch wieder grün«, sagt Rust. Wenn man einen einzelnen wertvollen Strauch mit regelmäßigem, moderatem Gießen über eine Trockenzeit bringt, findet Rust das nachvollziehbar und in Ordnung.

Und wenn man die Flora im eigenen Garten auf sehr trockenresistente Pflanzen umstellt? Wäre das eine Methode, dem Klimawandel ökologisch sinnvoll zu begegnen? Schwierig, findet der Pflanzenkundler, denn diese Arten reagierten zumeist sehr empfindlich auf die eher nassen Winter in Deutschland. Dann doch eher auf heimische Gewächse und ihre Anpassungsfähigkeit setzen, meint er.

Wenn ich aus dem Fenster schaue, sehe ich einen grauen Novemberhimmel – und die bunten Blüten, die sich bis jetzt gehalten haben, heben meine Laune. Eine Mittagsblume steht schon seit vergangenem Jahr, sie blüht seit über zwölf Monaten immer wieder. Vielleicht schafft sie es noch einmal, den Winter zu überleben? Die Mohnblüte allerdings scheint mir ehrlich gesagt in erster Linie ein Resultat unsachgemäßer Gärtnerarbeit zu sein. Erst im August unternahm ich ein Saatexperiment, eigentlich zu spät für diese Blume. Das Ergebnis blitzt mich jetzt fröhlich rot an, Glück muss man auch mal haben. **KS**

HARTMUT TROLL *ist Experte für historische Gärten und muss diese Kultur- denkmäler vor dem Klimawandel schützen. Wie geht er vor?*

»DER GARTEN IST EIN DOKUMENT DER MENSCHHEITSGESCHICHTE.«

Herr Troll, warum werden historische Gärten in Deutschland – also solche, die Fürsten und Könige einst anlegten – mit zum Teil erheblichem Aufwand erhalten? Man könnte ganz einfach sagen: weil sie zu unserem Kulturerbe gehören. Sie können sogar UNESCO-Weltkulturerbe werden, der Garten ist international anerkannt eine wichtige Gattung unseres Erbes. Aber er ist darüber hinaus weit mehr, er kann eine Sonderstellung beanspruchen. Michel Foucault sagt dazu, der Garten sei die kleinste Parzelle der Welt und verkörpere deren Totalität.

Was soll das bedeuten? Der Garten ist ein ganz besonderer Ort, dort ist in besonderem Maße das Verhältnis des Menschen zur Natur verkörpert und als kulturelle Ordnung gespeichert. Er ist ein Dokument der Menschheitsgeschichte. In der Aufklärung wird der Garten zu dem Ort, wo man durch Natur und Schönheit gewissermaßen zivilisiert wird. Heute werden die Gärten außerdem als Archive der Biodiversität betrachtet, die Gärten sind älter als die sie umgebende Landschaft.

Worin besteht Ihre Aufgabe als Konservator der historischen Gärten Baden-Württembergs? Meine Aufgabe ist das Bewahren, das Erforschen und auch das Vermitteln – wie jetzt in diesem Interview. Unsere Arbeit erledigen wir aber nicht alleine. Die vielleicht wichtigste Ebene ist die der Gärtner, die alles pflegen, die Rasen mähen, die Hecken schneiden. Das kann sehr komplex sein bei grünen Architekturen. Gärtnerische Arbeit ist für uns Teil des Denkmalbegriffs, denn ohne sie verändert sich das Denkmal unverzüglich. Wir Gartenkonservatoren sind eine Art wissenschaftliche Treuhänder. Wir entwickeln Projekte zur Instandsetzung und Weiterentwicklung der Gärten.

Wieso Weiterentwicklung? Geht es nicht vor allem um die Bewahrung der Kulturdenkmäler? Bewahrung ist das oberste Ziel. Aber die Natur wandelt sich ja schon von selbst. Immer ändert sich irgendwas, und dann müssen wir klären, wie wir damit umgehen.

Was ist derzeit das größte Problem bei diesen Veränderungen? Das eine große Problem gibt es nicht. Es gibt eine Folge von vielen Problemen. Und die kann man unter der Überschrift Klimawandel zusammenfassen.

Wie wirkt sich der Klimawandel auf die historischen Gärten aus? Es ist vor allem die zunehmende Trockenheit und Hitze, die den Bäumen gegenwärtig zu schaffen macht. Durch den Wassermangel werden die Bäume geschwächt – und jetzt kommt das zweite Problem: In das geschwächte System können Krankheiten eindringen, zum Beispiel neue Pilzschädlinge. Und es tauchen immer mehr neue invasive Arten auf. Die können problematisch und dominant werden. Das ist wie beim Menschen: Wenn du schon eine Grippe hast, dann bist du anfällig gegenüber allen möglichen anderen Krankheiten.

Wie gehen Sie mit diesen Problemen um? Wir bleiben erst mal ruhig. Für Gärtner ist es wichtig, nicht übereilt zu handeln. Ich habe ein Beispiel: In einem kleinen, wunderbaren barocken Garten war der ganze Buchs von einem Pilz befallen, wir mussten komplett roden, die Pflanzen waren alle gestorben. Da könnte ich sofort sagen, okay, pflanzen wir halt eine andere Sorte von Buchs für ganz viel Geld. Wir haben dort jetzt aber eine Art Freilandlabor angelegt. Zwei, drei verschiedene Sorten Buchs, Liguster, Lonicera und andere Arten erproben wir jetzt mehrere Jahre lang am lokalen Standort in der dortigen Pflege, dann wählen wir aus.

Und wie verfahren Sie bei Bäumen? Bei der Wahl des Baumes ist die entscheidende Frage: Ist er in seiner genetischen Ausstattung an das lokale Klima angepasst – ja oder nein? Nur so kann er erfolgreich sein.

Leider ist es so, dass in den letzten Jahrzehnten bei der Pflanzung von neuen Bäumen wenig Augenmerk auf die Herkunft der Art gelegt worden ist.

Welche Konsequenzen ziehen Sie daraus? Der Schlüssel ist für uns die Wiederbelebung der parkeigenen Baumschulen. Wir arbeiten mit Naturverjüngung. Dafür werden Sämlinge aus dem Garten genommen, eingetopft, gezogen und können so an die Trockenheit gewöhnt werden. Ich kann aus einer Buche keinen Kaktus machen, aber ich kann gärtnerische Mittel anwenden, damit sie auch in der Hitze besser funktioniert. Wir schließen damit an eine alte gärtnerische Praxis aus dem 18. und 19. Jahrhundert an. Es war ja die historische Funktion von Baumschulen, zu erproben, ob exotische Gehölze im lokalen Boden und im lokalen Klima gedeihen. So pflegen wir auch einen immateriellen Kulturwert: die gärtnerische Fertigkeit.

Gibt es noch andere Möglichkeiten, widerstandsfähigere Bäume zu bekommen? Ja, man kann versuchen, aus anderen Provenienzen Pflanzenmaterial zu besorgen, wenn man weiß, ob es den hiesigen Klimabedingungen angepasst ist. Es gibt zum Beispiel eine Doktorarbeit an der Universität Göttingen, die für ostpolnische Rotbuchen relativ gute Ergebnisse nachweist. Falls das alles nicht reicht, muss eventuell die Art gewechselt werden.

Das wäre dann der letzte Schritt? Genau. Für das Kulturdenkmal Garten ist die Frage des Pflanzenmaterials ja nicht nur eine der Naturwissenschaft, es gibt ja auch die Frage der Authentizität, der Glaubwürdigkeit, des Echten. Und auch die Frage der Originalität hat bei uns einen hohen Stellenwert.

Sie betreuen mehrere historische Gärten – für den Laien sieht alles meist gleich harmonisch und schön aus. Was macht da die Unterschiede aus? Jeder ist sehr anders. Zumindest die Rolle der Bäume ist darin unterschiedlich. Im Schwetzinger Schlossgarten haben wir diesbezüglich eine Besonderheit. Sein großes Alleinstellungsmerkmal ist, dass er die vollkommenste Synthese der beiden großen Natur- und Gartenauffassungen des 18. Jahrhunderts vollzieht. Den großen inneren Bereich des Barockgartens, das berühmte Kreisparterre mit den Bosketten – also Lustwäldchen, die durch Hecken abgegrenzt werden –, verbindet er mit einem neuen Konzept, dem Landschaftsgarten. Im ersten Fall haben die Bäume eine dienende Funktion der Raumarchitektur, zum Beispiel als Wand. Im zweiten werden sie zum Inbegriff des malerischen und ästhetischen Wertes.

Wieso ist diese Verbindung so besonders? Die
Regel ist doch, dass eine neue Mode kommt; es gibt einen
neuen Herrscher, und der ändert den Garten, auch rück-
wirkend auf die alten Partien. Sogar die Wegestruktur
wird geändert. Und hier ist genau dies nicht der Fall. Das
Ganze wird als Einheit konzipiert und später auch als
Einheit erhalten.

Was bedeutet das? Damit stellen sich für uns neue
Fragen für die Gartengeschichtsforschung, nämlich zur
Genese der frühen Landschaftsgärten. In der Regel
wird das als großer Bruch gelesen, demnach konzipiert
sich der englische Landschaftsgarten als Gegensatz
zum französischen Barockgarten, auch als nationaler
Widerspruch zweier großer Nationen in Europa. Der
Barockgarten wird darin teilweise mit dem Absolutismus
identifiziert. Und im England des späten 18. Jahrhunderts propagierte eine Landadel-Clique neue politische
Ideen und vertrat die Ansicht, dass ihre Gärten Demokra-
tie und Freiheit verkörperten. Der Barockgarten und der
neuere Landschaftsgarten englischen Stils waren eben
nicht nur verschiedene Raumideen. Die Ästhetik wird
mit großen politischen Systemen, großen sozialen Ideen
gewissermaßen identifiziert.

**Welche Pflanzen sind charakteristisch für die
beiden Gartenstile?** Der Buchs kommt nur im Parterre
des barocken Gartens vor. Da haben wir die Broderie, das

Parterre à l'Angloise mit den Blumenbeeten, mit den Formbäumchen. Alles ist erkennbar gestaltet, artifiziell. Der Buchs ist gut zu schneiden und formbar, daher ist er so dominant. Der große Unterschied im Landschaftsgarten sind natürlich die Bäume, die Gehölze und die Blütensträucher.

Die Lustwäldchen bestehen doch auch aus Bäumen. Dort bilden sie aber eine Gruppe. Im Landschaftsgarten werden Bäume ganz anders ins Bild gerückt. Sie bestimmen jetzt den Kern der Bildauffassung, es geht um das Kriterium des Malerischen. Der Gartenkünstler Johann Friedrich Sckell redet vom majestätischen Blätterwerk und vom glatten Stamm. Im Barockgarten ist die entscheidende Fähigkeit der Bäume ihre Schnittfähigkeit, sie müssen sich formen lassen. Im Landschaftsgarten werden sie nicht mehr beschnitten, sondern im natürlichen Habitus belassen.

Dann kann jeder Baum Teil des Landschaftsgartens sein? Nein, natürlich nicht. Es wird streng nach ästhetischen Gesichtspunkten ausgewählt, hier kommen zusätzlich exotische Bäume ins Spiel. Es wird also nach Bäumen gesucht, die als neu erscheinen und die sichtbar sind, weil sie draußen in der heimischen Natur nicht vorkommen. Am Ende soll es immer noch Kunst sein oder Garten und eben nicht nur Natur oder Landschaft. Die Idee ist, dass die Natur, die als Vorbild gilt, in ihrem festlichen Gewande erscheint. Auf eine Art, wie sie außerhalb des Gartens nicht zu sehen ist.

Das Interview führte Katharina Stegelmann.

WAS NUR DER ROBOTER WEISS
Von künstlicher Intelligenz
und menschlichem Versagen

Unser Rasenroboter ist zurzeit in einer Art Winterschlaf, die Landmaschinenfirma hat ihn abgeholt, es ist Zeit, die Beziehung zu ihm zu überdenken.

Eine seltsame Beziehung ist es auf jeden Fall.

Bei einem seiner letzten Einsätze vor dem Winter hörte ich, wie der Mitgärtner draußen jemandem Vorträge hielt. Er sprach mit dem Roboter. Er hatte Hecken geschnitten, der Roboter rammelte ins frisch gestapelte Schnittgut und strich um den Mitgärtner herum, als wollte er sagen: Ich bin dein Hund.

Nein, ist er nicht, er gehorcht Algorithmen und ändert die Mährichtung, wenn er auf Widerstand stößt, aber manchmal ist es schwer, sich daran zu erinnern, dass er nicht lebt.

Der Mitgärtner nahm den Roboter unter den Arm und trug ihn dorthin, wo er mähen sollte, und sagte: Du Seggl. Falls der Roboter Schwäbisch versteht.

Die Hersteller haben dem Roboter Glupschaugen mitgegeben, völlig sinnlos, hinter den Glasscheiben sind keine Lampen, es sind nur Attrappen. Offenbar wollten sie genau das, was jetzt passiert.

Es passiert, weil wir so viel Rasen haben, wir hinterfragten das anfangs nicht. Wir überlegten nur: Wie mähen?

Der Mitgärtner hat eine Schwäche für Bulldogs, norddeutsch: Traktoren. War also anfällig für Aufsitzmäher, die Ersatzfreude für Menschen, die eigentlich gern Bulldog fahren würden, aber einen anderen Lebensweg eingeschlagen haben. Der Mitgärtner mag Maschinen wirklich, dachte aber dann doch. Wahrscheinlich käme er sich lächerlich vor.

Also: Kein Aufsitzmäher.

Mit einer NABU-Beraterin sprach ich neulich, die Muskelkraft empfahl. Den Spindelmäher. Den Spindelmäher kenne ich von früher, er scheppert, verrichtet dabei brav seine Arbeit, aber wir haben 800 Quadratmeter zu mähen, wer zieht da mit dem Spindelmäher Bahn für Bahn für Bahn? Ich nicht. Der Mitgärtner auch nicht.

Also? Ein Mähroboter.

Der Nachbar, der mit den vielen Maschinen, die ihm aufs Wort gehorchen, war begeistert. Diese Maschine hatte er noch nicht. Er erklärte sich sofort bereit, den Roboter zu befreien, falls der sich festfährt, wenn wir nicht da sind. Wenn er heult. Und er heult recht laut, aber das wussten wir noch nicht.

Es kamen die Kabelverleger von der Landmaschinenfirma mit ihrer Kabelverlegmaschine und dem Roboter, stolz führten sie vor, was er alles kann.

Er kann Zonenbewirtschaftung, also in einer Ecke mehr mähen als anderswo, wenn man das will. Er ist höhenverstellbar und hat eine Wegtragsicherung, man muss den Code kennen, um ihn zu klauen. Kleinere Gewächse muss man vor ihm schützen, mit dem Stoppkabel oder auch mit Barrikaden. Größere fährt er an und dreht dann um und fährt anderswo weiter. Er sieht ja nichts. Aber er hat diese Lampenattrappen. Ja, ich gebe es zu, auch ich habe schon mit dem Roboter geredet.

Er schnurrt leise, macht seine Arbeit, häckselt das Gras so klein, dass es liegen bleiben kann, man muss keinen Grasschnitt entsorgen. Er macht seine Sache gut.

Aber.

Die Kabel.

Es gibt die Stoppkabel, die ihm vermitteln: Hier nicht weiter. Leider wissen wir nur so ungefähr, wo sie sind. Und es gibt Leit- und Rückführkabel. Wo die liegen, weiß nur der Roboter allein.

Es lähmt mich. Immer, wenn ich etwas pflanzen möchte, vielleicht ein spontanes Beet anlegen (wir haben ja zu viel Rasen), kommt der Angstgedanke: die Kabel. Wenn ich auf der Wildinsel, wo er nicht hindarf, einen Natternkopf, eine Ochsenzunge oder was auch immer setzen möchte: Herzklopfen. Nicht zu nah am Rand. Geht es wieder schief?

Die von der Landmaschinenfirma kommen stoisch und gegen Rechnung und bringen alles in Ordnung, wenn es wieder schiefgegangen ist.

Manchmal lachen sie auch. Es scheint ein Gesetz zu sein: Wenn wir beschlossen haben, ein neuer Busch oder Baum muss her, dann buddeln wir und treffen exakt das Kabel.

Oft ist es mein Mitgärtner, der den Roboter lahmlegt. Er kämpft seinen Kampf gegen den Löwenzahn mit seinem speziellen scharfen Ausstechergerät, er wirft sich in den Kampf und trifft – was wohl.

Er schämt sich inzwischen ein bisschen und will nicht, dass dauernd die Landmaschinenfirma kommt. Er hilft sich jetzt selbst. Er wickelt Isolierband um das kaputte Kabel und versenkt es wieder im Boden. Vor einiger Zeit war er wieder sehr stolz auf seine Reparatur, dann fuhren wir ein paar Tage weg. Wir kamen zurück, und das Gras und alles andere, Löwenzahn, aber auch Gundermann, Taubnessel, Storchschnabel, waren so hoch wie nie. Die Reparatur des Mitgärtners hatte nicht funktioniert. Es sah schön aus.

Der Roboter wird jetzt so hoch eingestellt, wie es geht. Und in der nächsten Saison, das haben wir beschlossen, läuft er nur noch einmal pro Woche.

Würden wir es wieder tun? Einen Roboter kaufen? Die Alternative wäre vielleicht: Ziegen. So weit sind wir noch nicht. **BS**

GLITZERN UND GLIMMERN

Ein Bekenntnis zur Weihnachtsdeko

Eigentlich liegt mir nicht so viel an Weihnachten. Eigentlich. Na ja. In meinem ganzen Leben habe ich noch keinen Heiligabend ohne meine Eltern verbracht. Immer klassisch mit Braten, Baum, Lametta und Kerzen, manchmal sogar mit Gesang. Ich bin über 50 Jahre alt. Einen eigenen Weihnachtsbaum hatte ich aber noch nie und habe ihn auch nicht vermisst. Und Weihnachtsdeko – muss die wirklich sein?

Der Lichterschmuckwahnsinn zum Beispiel. Etwa 600 Millionen Kilowattstunden Strom verbrauchten die Deutschen 2018 für Weihnachtsbeleuchtung von Haus und Hof, schätzt der Ökostromanbieter Lichtblick. Dabei wird die meiste Energie von Privathaushalten verbraucht. Es ist ein ökologischer GAU, trotz stromsparender LED-Leuchtmittel, und die Lichtverschmutzung beeinträchtigt auch Flora und Fauna.

Und trotzdem: Seit mein Mann und ich in einem Haus mit Garten wohnen, gibt es ab dem ersten Advent eine LED-Lichterkette im Magnolienbaum vor der Tür. Es ist so heimelig, wenn die Lichter funkeln! Die Installation brachte uns allerdings schon mal an den Rand einer Beziehungskrise.

Ich: Kannst du die da noch hinziehen?

Er: Nein, ist zu kurz.

Ich: Aber wenn du es mal versuchst?

Er: Das geht nicht.

Ich: Schade ...

Er: (fällt fast von der Leiter)

Ich: Pass doch auf!

Er: Entschuldigung?!

Ich: Sorry.

Er: (schweigt)

Ich: Okay, ich sag nichts mehr.

Er: (schwitzt)

Ich: Jetzt sieht es super aus!

Er: (unverständliches Gemurmel)

Ein Jahr später hing die Lichterkette einfach im Baum, als ich nach Hause kam. Ganz stressfrei.

Dass es in der Deko-Branche echte Auswüchse gibt, bestreite ich nicht: tanzende Weihnachtsmänner, neonbunte Sterne, singende Rentiere und von allem zu viel – es ist mir ein Graus. Aber so ein bisschen Dekoration? Geschmackvoll und individuell? Es muss ja kein 500-köpfiger Engelschor aus dem Erzgebirge sein.

Zwei bis drei Wochen vor Heiligabend überkommt es mich: Ich erliege einem mittelschweren Nostalgieanfall und beginne zu dekorieren, ich kann nicht anders. Mein Mann toleriert diese Anwandlungen tapfer, obwohl ihm »nichts fehlen« würde, wenn unser Haus ohne saisonalen Dekor bliebe, wie er halbwegs diplomatisch formuliert.

Wir besitzen seit Jahren etwas Weihnachtsschmuck. Zum Beispiel Holzfiguren – Engel, Elch, Schneemann –, die mein Schwiegervater einst liebevoll hergestellt hat. Die krame ich dann hervor und verteile sie unauffällig in der Küche. Erst ein paar. Zwei Tage später dann noch ein paar mehr. Wenn es ganz arg wird, bastele ich auch selbst, zum Beispiel Fröbelsterne aus Papier.

Oder ich hole mir mein Bastelmaterial aus dem im Winterschlaf versunkenen Garten. Ich nehme gern getrocknete Hortensienblüten und besprühe sie mit Silberfarbe; das zarte Gespinst sieht sehr elegant aus. Die stecke ich zu den Amaryllis in die Vase, die dann in einer Glitzerwolke stehen. Tannen- und Fichtenzapfen, mit Gold betupft, leuchten festlich aus einem Arrangement mit Scheinbeeren und Christrose; ein kleiner Zweig Tannengrün, mit roten Schleifen verziert, verbreitet einen Hauch von Advent. Es muss kein pompöser Kranz sein.

Das überraschendste und schönste Festdekor hatten wir einmal unserem Gärtner zu verdanken. Der hatte Ende November die Magnolie beschnitten. Ich stellte die zunächst recht unansehnlichen Zweige ins Wasser – und nach und nach entfaltete sich im Wohnzimmer der prächtigste Magnolienblütenstrauch.

Das Erlebnis kann man leider nicht alle Jahre wiederholen, ohne die Magnolie zu ruinieren, denn jeder Schnitt schmälert die Blütenpracht im kommenden Jahr. Die sommergrüne Kobushi-Magnolie kann bis zu 24 Meter hoch werden und blüht immer prächtiger, je älter sie wird.

Dann eben doch wieder ein bisschen Glitzer. Vielleicht versuche ich mal, ein paar Halme vom Lampenputzergras zu vergolden. Ja, ich gebe zu: Eigentlich finde ich Weihnachten sehr schön. **KS**

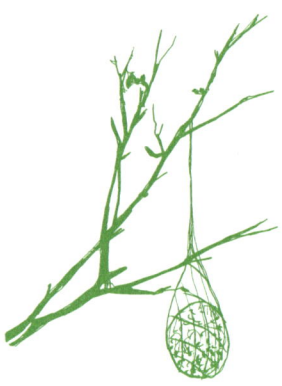

VOGELFREI

Ein meisenloser Winter – jedenfalls fast

Vom Schreibtisch aus auf den tief verschneiten Garten zu blicken, das hat was. Was es allerdings nicht hat, sind: Vögel. Der Feuerdorn hängt voll mit Beeren, im Ilex leuchtet es rot, an der Schlehe schrumpeln die Früchte, massenweise hängen Hagebutten herum, und niemand will sie. Traurig baumelt der Meisenknödel in der Reneklode, unbesucht. Ist er ranzig geworden? Die falsche Marke? Rümpfen die Tiere den Schnabel?

Oder fehlen tatsächlich die Vögel?

Ich muss jetzt erst mal ein Geständnis machen, das ich bei Douglas Adams geklaut habe, dem unsterblichen Tierbeschreiber (»Die Letzten ihrer Art«). Nachdem er 12.000 Meilen nach Neuseeland und zurück gereist war, um einen seltsamen aussterbenden Vogel namens Kakapo zu sehen, schrieb er: »Eigentlich mache ich mir gar nicht so fürchterlich viel aus Vögeln.« So geht's mir auch. So ging es mir zumindest die meiste Zeit meines Lebens.

Als Kinder wurden wir zu vogelkundlichen Wanderungen verpflichtet, wir lachten über den Vogelkundler, der über einen Zilpzalp in Wallung geriet. Vögel waren Tiere, die vor allem alte Damen entzückten (was stimmt; man weiß ja inzwischen, dass es Altenheimbewohnerinnen und -bewohnern besser geht, wenn sie vom Heim aus auf gut besuchte

Futterplätze schauen). Anders als Meerschweinchen, Pferde und Hunde mit langen Ohren waren mir Vögel lange Zeit eher egal.

Geändert hat sich das, seit ich weiß, dass man sich Sorgen um sie machen muss. Und vielleicht auch seit Corona, weil jetzt jede Art von Gesellschaft etwas Kostbares ist, selbst wenn man sie sich mit Vogelfutter erkauft. Erkaufen will, jedenfalls.

Es funktioniert nicht. Das kann ein lokales Problem sein – oder ein globales. Das lokale liegt ein paar Hundert Meter östlich von unserem Garten: Jemand hatte beschlossen, dass auf seinem Grundstück zu viel Grünes war. 80 Meter Bäume und Sträucher hat er vor ein paar Wochen beseitigt, Hartriegel, einen Pflaumenbaum, eine wunderbare Birke, 60 Jahre alt mindestens, über Generationen gewachsen. Das alles war lebendig, es hat ihn, warum auch immer, gestört. »Ordnung schaffen«, so hieß der Vorgang, und sein unmittelbarer Nachbar sagt, seitdem gebe es bei ihm keine Vögel mehr.

Vielleicht war es das. Vielleicht ist aber auch das allgemeine menschliche Klimaverbrechen schuld. Der Naturschutzbund (NABU) machte kürzlich wieder seine »Stunde der Wintervögel« und rief auf zum Vogelzählen, erstes Ergebnis: Die Zähler sind mehr geworden. Die Vögel eher weniger.

Ich wüsste gar nicht, wen ich hier zählen soll. Was kann ich tun? Ich habe beim Vogelflüsterer meines Vertrauens nachgeschlagen, Uwe Westphal (»Das große Buch der Gartenvögel«), und habe meine Gartenpraxis überprüft.

Nicht zu viel Ordnung im Garten? Prima. Ich halte mich dran. Keine Pestizide oder Herbizide – versteht sich von selbst. Totes Holz auf einen Haufen werfen und Laub unter der Hecke liegen lassen, Brennnesseln verschonen – gern. Trockenmauer ohne Mörtel? Haben wir, Eidechsen haben wir auch, wenn Nachbars Katze sie nicht holt. Brombeere, Schlehe, Weißdorn, also Gebüsch mit Dornen und Stacheln – das könnte noch mehr werden. Wildpflanzen (also Unkraut) dulden – darin bin ich gut.

Einheimisches soll man vorzugsweise pflanzen, das war mir klar. Überraschend allerdings eine Tabelle, die ich im Westphal-Buch fand. Sie listet Gehölze auf und wie viele Vogelarten deren Früchte fressen – Einheimisches und Exotisches im Vergleich. Bei der einheimischen Vogelbeere sind es: 63. Beim Kaukasus-Kirschlorbeer: 3. Beim Gemeinen (hiesigen) Wacholder: 43. Beim Chinesischen Wacholder: 1. Bei der Forsythie: 0.

Gar nicht so schlecht eigentlich, unser Garten, aus der Vogelperspektive gesehen. Finde ich jedenfalls. Was wollt ihr denn noch?

Draußen ist es noch weiß, aber der Schnee wird feuchter, nasser. Auf dem Meisenknödel schmilzt die Schneehaube, starr hängt der Knödel im Pflaumenbaum. Ich warte. Und hoffe. **BS**

DER GROSSE KARL

Das Erbe eines visionären Staudenzüchters

Mitte November ging es mir gar nicht gut. Kopfschmerzen, Gliederschmerzen, ich lungerte nachmittags auf dem Sofa herum und zappte durchs Regionalfernsehen. Bis ich bei einer Dokumentation über den Hamburger Park »Planten un Blomen« hängen blieb – und das hatte Konsequenzen.

Der Film zeigte die vor 200 Jahren entstandene Anlage im Wandel der Zeit und der Jahreszeiten. Vor meinem Fenster war es düster, auf dem Bildschirm Sommer: Zig verschiedene Sorten Sonnenbräute standen da in voller, leuchtender Blüte. Sofort bestellte ich im Internet bei einer Staudengärtnerei vier verschiedene dieser Helenium-Pflanzen.

Als die Sonnenbräute ankamen, war der relativ milde Herbst endgültig vorbei. Mit klammen Fingern buddelte ich die Pflanzlöcher. Von Farbenpracht natürlich keine Spur. Murkelig lugten die wenigen grünen Blätter aus der Erde. Ich schaufelte Stroh und Mulch auf diese Rudimente und fragte mich, ob diese Pflanzen jemals eine Chance haben würden, ihrem Namen Ehre zu machen.

Einer der Neuzugänge trägt den Namen »Helenium Goldrausch« und stammt aus der Zucht des berühmten Staudengärtners, Gartengestalters und Philosophen Karl Foerster. Das machte mir Hoffnung – Foerster war ein großer Mann. 1874 in Berlin als Sohn einer Malerin und eines Astronomen geboren, wurden sein Kunstsinn und seine wissenschaftliche Neugier früh gefördert. Schon als Kind liebte er das Gärtnern. Foerster absolvierte eine klassische Gärtnerlehre, sammelte in diversen Betrieben, auch im Ausland, Erfahrung und gründete 1903 seine Gärtnerei für winterharte Stauden, die heute mehrere Filialen in Deutschland hat.

Im Jahr 1916 wurde Foerster zum Kriegsdienst eingezogen, doch wegen seiner Schwerhörigkeit musste er nicht an die Front, sondern wurde in Plauen an der Havel stationiert, wo er Gartenarbeiten verrichtete. Sein Buch »Vom Blütengarten der Zukunft« (1917), das mit 25.000 Exemplaren an Verwundete in Lazaretten und an Kriegsgefangene geschickt wurde, legte den Grundstein für Foersters Bekanntheit.

In dem Buch »Karl Foerster. Seine Blumen, seine Gärten« von Carsten Mehliß erhält man einen guten Überblick über Foersters Leben und umfassendes Werk. Der Mann machte sich nicht nur um die Züchtung zahlreicher Blumensorten verdient – besonders um die Vielfalt des Rittersporns, des Phlox und des Heleniums –, sondern er schrieb auch sehr viele Bücher. Die tragen so schöne Titel wie »Blauer Schatz der Gärten«, eine Hommage an Foersters Lieblingsblütenfarbe mit konkreten Tipps, oder »Garten als Zauberschlüssel«.

Foersters Betrieb überstand nach dem Ersten auch noch den Zweiten Weltkrieg. Seine Haltung zum Nationalsozialismus ist umstritten; es gibt Vorwürfe, Foerster sei antisemitisch gewesen. Gleichzeitig existieren private Briefe, in denen seine Ablehnung des Hitler-Regimes zum Ausdruck kommt.

Seine Frau Eva (geborene Hildebrandt) gab ihren Beruf als Pianistin und Sängerin auf, um ihn bei der Arbeit zu unterstützen. Gemeinsam führten sie ein offenes Haus, Künstler, Musiker, Architekten waren ihre Gäste. 1970, im Alter von 96 Jahren, starb Karl Foerster. Tochter Marianne gründete eine Stiftung, um den Erhalt des Hauses und des Nachlasses ihres Vaters zu sichern, der als Staudenprofessor weltberühmt wurde.

Die Gärtnerei überdauerte die DDR und eine wirtschaftliche Durststrecke in den Nachwendejahren. Heute ist Foersters Betrieb, dessen Zentrale sich seit 1911 in Potsdam-Bornim befindet, eine florierende Firma und bietet nach eigenen Angaben mehr als 2700 verschiedene Blütenstauden, Gräser, Farne, Wasserpflanzen und Küchenkräuter an.

Foersters Bücher zählen zu den Klassikern der Gartenliteratur und dienten Generationen von Gartengestaltern als Grundlage ihrer Arbeit. Das Besondere an ihnen ist, dass sie gleichermaßen praxisorientiert und philosophisch sind; Foerster gilt zu Recht als der Poet unter den Gartenschriftstellern.

Stein-, Schatten- oder Senkgärten; Lupinen, Gräser oder Farne – Foerster hat sich für alles interessiert und zum Glück über alles geschrieben. Viele der Bücher sind in überarbeiteten Neuauflagen zu erhalten, wurden aktualisiert, kommentiert, neu illustriert.

Die Erfüllung von Standortansprüchen ging für den Gartenkünstler Foerster mit ästhetischen Anforderungen Hand in Hand. Unermüdlich legte er Listen und Verzeichnisse zu seinen Beobachtungen an – welche Pflanze will wo stehen, welche Textur haben ihre Blätter, wie kann die Nachbarschaft harmonisch gestaltet werden? All das gilt heute noch, ist lehrreich und kann Hobbygärtnerinnen und -gärtner inspirieren.

Foerster hat offenbar versucht, der Fülle der Natur, die er mit Staunen und Respekt betrachtete, Herr zu werden. Dass ihm das nicht gelingen konnte, war ihm aber klar: »Wenn ich noch einmal auf die Welt komme, werde ich wieder Gärtner und das nächste Mal auch noch«, soll er gesagt haben. »Denn für ein einziges Leben ward dieser Beruf zu groß.« **KS**

POLITIK UND POMOLOGIE

Was man von Boris Palmer über Boris Palmer und über Obstbäume lernen kann

Ich habe es wieder getan. Ich habe wieder versagt. Ich sehe den alten Apfelbaum und den alten Birnbaum bei uns im Garten; sie haben ihr Laub abgeworfen, und es wachsen geradezu vorwurfsvoll in die Höhe: Wasserschosse. Junge Äste, die in die Höhe streben wie die Stacheln beim Igel oder die Haare bei Sascha Lobo, es ist genau das, was man nicht will. Die Schosse werden ja nicht tragen.

Jedes Jahr denke ich: Jetzt habe ich es kapiert, jetzt weiß ich, wie man Obstbäume schneidet. Im Februar wird alles entfernt, was senkrecht nach oben strebt, was nach innen zum Stamm hin wächst oder was sich mit anderen Ästen kreuzt. Aber im Sommer sprießt es wieder stramm nach oben, und je mehr ich schneide, desto mehr wächst nach. Im Spätherbst und Winter sieht es dann besonders traurig aus, wenn es nur noch Äste gibt und keine Blätter mehr, die das Elend verstecken.

Wie schneidet man Obstbäume? Meine Schwester, die schon viel länger gartelt als ich, hat sich mal auf einer Gartenschau informiert. Sie stand interessiert herum, erzählte sie mir später, stellte viele Fragen. Der Vortragende freute sich, fragte irgendwann: »Wie viele Bäume haben Sie denn?« Meine Schwester, leicht trotzig: »Einen. Im Topf.«

Ich denke, sie hat ihren Baum im Griff. Ich dagegen schneide alle Jahre wieder und scheitere. Nun aber fand ich versteckt im Regal ein Buch, das mir meine Mutter mal geschenkt hatte, weil ich mich ständig über die Apfelbäume beklagte: »Obstbäume schneiden verblüffend einfach. Von Gudrun Mangold. Mit Helmut Palmer.«

Palmer? Ich erinnere mich gut. Er kam regelmäßig zum Tübinger Marktplatz, dort, wo das Rathaus steht, in das später sein Sohn Boris als Oberbürgermeister einzog, und verkaufte Äpfel, Birnen, Zwetschgen. Die Anzeigen, die er davor in die Zeitung setzte, waren halb politisch, halb pomologisch. Er wollte Obst verkaufen und ständig irgendwo Bürgermeister werden. Sein Sohn hat es dann geschafft.

Der verstorbene Helmut Palmer war ein Kämpfer gegen Straßenbäume, die er als lebensgefährlich empfand, er sägte gelegentlich welche an oder um. Er legte sich gewohnheitsmäßig mit der Obrigkeit an, wenn er glaubte, im Recht zu sein, und das war oft. Man nannte ihn »Remstalrebell«.

Palmer senior hatte etwas entdeckt, als Jugendlicher schon, seitdem hatte er eine Mission. Er war zur Obstbauernlehre in der Schweiz gewesen, bekam eine andere Art gelehrt, wie Bäume zu schneiden sind: »Wenig Äste, viel Licht, viel Qualität« war seine Devise. Die schwäbischen Obstbauern aber dachten: »Viel Holz, viel Äpfel«, und bekämpften ihn. Ihre Bäume hatten mehrere Etagen von Ästen, und die oberen nahmen den unteren die Sonne weg und damit auch die Süße für die Äpfel. Helmut Palmer wollte, dass es vier Leitäste gäbe, die gleichberechtigt mit dem Mitteltrieb wachsen dürfen. Keine stark dominierende Mitte, sondern eine demokratische Krone: »Jeder Ast hat das gleiche Recht.« Manchmal schnitt er ungefragt fremde Bäume nach seinem System und musste fliehen. Was er auslöste, hieß »württembergischer Obstbau-Krieg«. Wie man weiß, können Schwaben bockig sein.

Bei uns wiegen sich jetzt draußen struppige Obstbäume im Dezemberwind, wir haben sie geerbt von meinem Schwiegervater, der nicht an Palmer glaubte, sondern an sich selbst. Wasserschosse, steht beiläufig im Palmer-Buch, gebe es nicht bei Apfelbäumen, die nach seiner Methode erzogen seien.

Ich studierte die Fotos, die Zeichnungen, die mir zu kompliziert gewesen waren, als ich das Buch geschenkt bekam, und fand alles wieder sehr schwierig. Ich schrieb an Palmer junior, dessen Amtsführung eher für das Prinzip des dominierenden Mitteltriebs bekannt ist, und fragte nach, ob er mit dem System seines Vaters etwas anfangen könne.

Er schrieb zurück: »Ja, ich gebe dazu auch Schnittkurse.«

Er stimme also zu?

»Das ist keine Frage von Zustimmung. Sein Schnittsystem funktioniert. Tausendfach bewiesen.«

Und was mache ich gegen die Wasserschosse?

»Das sind Alarmtriebe. Sie zeigen, dass Sie den Baum vorher falsch geschnitten, nämlich gedeckelt haben. Die Lösung ist also: nicht wegschneiden (dann kommen nächstes Jahr noch mehr), sondern dem Baum eine natürliche Form lassen.«

Danke. Ich werde es versuchen. Ich werde dem Rat aus Tübingen folgen. Ich werde der Verachtung trotzen, die mir sicherlich von schwäbischen Obstbaumbesitzern entgegenkommt: »Was für a Glomp! An ogschnittner Baum!« Was für ein Gelumpe. Ein ungeschnittener Baum. **BS**

GLÜCKSFARBE

Grün für die Seele

Der Monat Juni, im Winter so unendlich weit entfernt, ist mit der schönste im Garten: Vieles blüht gleichzeitig, die Rosen beginnen, sich zu entfalten, es duftet süß, der Lavendel fängt an, die Bienen zu locken, das Grün von Blättern und Gräsern ist satt und saftig. Der Anblick von Pflanzen, ob im Privatgarten oder im öffentlichen Park, stimmt uns froh und entspannt. Darin sind sich alle einig – aber warum ist das eigentlich so?

Grün ist die Hoffnung, denn wo es keimt, ist Leben. Das Wort trägt diese Botschaft in sich. Es stammt ab vom althochdeutschen *gruoni*, das sich im Mittelhochdeutschen zu *grüene* wandelte. Beides bedeutet »wachsen, sprießen, grünen«. Sprachwissenschaftler vermuten ein verwandtes urgermanisches Verb, das mit dem Wortstamm von »Gras« zusammenhängt, »grün« war demnach gleichbedeutend mit »grasfarben«. Das Wort diente von Anfang an nicht nur der Unterscheidung von anderen Farben, sondern war verbunden mit positiven Assoziationen wie Wachstum und Neuanfang.

Wer mehr über die Farbe des Lebens wissen möchte, dem sei das unterhaltsame »Grün: Das Buch zur Farbe« empfohlen. Darin sind nicht nur 108 grüne Farbtöne aufgezählt, von Absinth- bis Zinkgrün. Auch Drogen, Tiere oder

Politik, Mythologie, Sport oder Musik werden durch die grüne Brille betrachtet. Man erfährt unter anderem, warum Gottfried Kellers Bildungsroman »Der grüne Heinrich« seinen Titel trägt und was geschieht, wenn jemand »grün vor Neid« wird.

Der Farbe Grün wird eine beruhigende, ausgleichende Wirkung zugeschrieben. Und das ist keine reine Esoterik, sondern beruht auf konkreten Beobachtungen und Untersuchungen. In der Psychiatrie zum Beispiel erfahren aggressive Patienten in der Gartentherapie Entlastung. Bei der Farbtherapie, ein Verfahren, das in der Schweiz von einer Reihe Krankenkassen bezahlt wird, soll die Bestrahlung mit grünen, mittelwelligen Lichtfrequenzen gegen Stress und Anspannung wirken.

Nicht nur der Geist entspannt sich angesichts eines grünen Anblicks, sondern ganz konkret der Körper, insbesondere das Auge. Dank dieser Erkenntnis wechselte die Mode im OP-Saal vom sterilen Weiß zu kühlem Grün. Allerdings weniger, um potenziell aufgeregte Patienten zu beruhigen, die bekommen ja bekanntlich stärkere Mittel verabreicht. Die grünliche Arbeitskleidung von ärztlichem Personal soll dessen Konzentration fördern und Stress abbauen helfen. Außerdem wirkt Blut auf grünem Untergrund weniger alarmierend als auf Weiß.

Der Grund für diese Phänomene ist wissenschaftlich noch nicht letztgültig erklärt. Es muss mit urzeitlichen Erfahrungen zusammenhängen. Wo etwas wächst, gibt es Nahrung und Wasser, der Anblick von saftigem Grün war im steten Kampf ums Überleben immer eine positive Nachricht.

Dass die Städte grüner werden sollen, ist schon länger Common Sense. Für den Klimaschutz, für bessere Luft, aber auch für eine generelle Verbesserung der Lebensqualität gilt die Grünfläche heutzutage als unerlässlich. Immer häufiger werden zur Begründung von Begrünung soziale Aspekte angeführt: Die schlichte Tatsache, dass außerhalb enger Wohnungen Raum geschaffen wird, Ausweichraum, hilft, Aggressionen zu vermeiden oder abzubauen. In sozialen Brennpunkten mit viel Grün kommt es zu weniger Gewaltdelikten.

Auch bürgerliche Stadtteile profitieren vom Trend zum Grün. Seit 2018 gärtnert Christine Stecker mit ihren Nachbarinnen und Nachbarn finanziell gefördert vom Bezirk Hamburg-Eimsbüttel. Der Stephanusgarten befindet sich auf einem städtischen Grundstück, das an das Gebäude einer ehemaligen Kirche grenzt. Dort residiert jetzt eine Werbeagentur, die das Wasser für den Garten spendet. Stecker hat 2012 mit Guerilla Gardening an der Straße vor ihrer Haustür angefangen, weil sie von einer Blumenwiese wie in ihrer Kindheit träumte. Der Garten ist heute ein Ort der Begegnung und Erholung für viele.

Vandalismus komme sehr selten vor, berichtet die Klimaschutzmanagerin. Irgendwann gab es Schmierereien auf den Bänken, die entfernt wurden, so gut es ging. Die neuesten, ebenfalls nicht sehr inspirierten Graffiti bleiben. Stecker sagt, sie habe gelernt, solche Aktionen nicht persön-

lich zu nehmen. Zwar komme es immer wieder zu Pflan-
zenklau, doch auch das sehe sie inzwischen als »Übung
fürs Leben«: Man müsse die Dinge loslassen, die für einen
Gemeinschaftsgarten im öffentlichen Raum gedacht sind.

Andererseits bekomme man ja sehr viel. Manchmal
schöne Gartenmöbel, manchmal exzentrische Skulptu-
ren. Vor allem aber viele nette Kontakte, »Reaktionen, die
zu Herzen gehen« – und viele entspannte Momente. Dass
Naturerleben gut für die Seele ist, weiß Stecker auch ohne
wissenschaftliche Studien.   **KS**

WER ALS VORBILD TAUGT

Gartenblogger, Großmutter oder Gärtner Pötschke?

Meine Großmutter säte Ringelblumen in ausgediente Lampenschirme, überließ eine Gartenecke komplett dem Giersch und eine Hundehütte, deren Bewohner vor Langem gestorben war, den Spinnen. Sie hatte ein kleines Becken für kniehohes Wasser im Garten, da schrubbten wir jedes Jahr die Algen mit der Drahtbürste weg. Chemie kam nicht infrage. Im Garten meiner Großmutter wuchs eine 13 Meter hohe Birke (wir haben es gemessen), auf der wir Kinder (ohne Helm) kletterten, spielten, stritten, Bücher lasen und manchmal den Kaffee tranken, den sie auf den Baum brachte. Sie trank mit.

Habe ich von ihr gelernt? Ich säe keine Ringelblumen in Lampenschirme, ich habe keine Birke zum Klettern, aber man kann sagen, dass mir ihre Gelassenheit nachträglich gut gefällt. Wir sprachen nie über Gartenbau, aber wenn ich Giersch sehe, habe ich sie sofort im Kopf.

Ich dachte an meine Großmutter, als ich überlegte, auf wen ich höre in Gartenfragen und auf wen nicht.

Orientierung geben zum Beispiel die Fernsehgärtner in »Querbeet«, »Natur im Garten«, »Gartenzeit«, »Schnittgut«, wobei vor allem »Schnittgut« ein ehrlicher Name ist, denn: Neu zusammengeschnitten tauchen Beiträge aus den Sendungen der vergangenen Jahre immer wieder auf.

Was ja nichts macht, dachte ich bis vor Kurzem. Schneeglöckchen im Februar, Goldregen im Mai, so sang Heintje. Er hatte recht. Er hat nur die Christrosen vergessen, die einem im Winter in aller Ausführlichkeit vorgestellt werden, jedes Jahr. Manches ist immer neu und manches immer gleich, über die Jahre entwickelt man im Garten durch das immer Gleiche ja eine gewisse Beständigkeit.

Auch die Fernseh-Leitfiguren bleiben dieselben, über lange Zeit: Sabrina mit den geblümten Gummistiefeln. Der Österreicher Karl, bei dem man sich immer fragt, von welchem Herrenausstatter er gerade kommt. Volker Kugel vom Ludwigsburger Barockgarten mit seinem Sidekick, Herrn Fähnle, manchmal fast schon Comedy.

Man gewöhnt sich an diese Figuren. Ich weiß jetzt, bei wem ich wegschalten muss. Ich habe gelernt, dass ich gelbfleckige Blätter bei den Rosen lieber gleich entferne, dass ich die Schnecken nicht besiegen werde und dass ich niemals versuchen werde, ein Gewächshaus selbst aufzubauen. Das Fernsehen folgt da seinem Bildungsauftrag, ich bezweifle es nicht.

Aber neulich fiel mir etwas auf.

Ein Fernsehgärtner, dessen Namen ich mir nicht gemerkt habe, stand in einer dieser Sendungen einer Frau zur Seite, die einen Beruf hatte, Kinder, einen Garten und einen Rasen, der ihr Probleme machte. Der Fernsehgärtner sagte, es komme darauf an, den Rasen zu wässern, und zwar lange bevor er gelb werde. So zwei, drei Stunden lang, das empfehle er.

Ich war gespannt, aus welchem Jahr dieser Beitrag stammte: Es war 2018. Es war das erste jener Trockenjahre, die selbst Klimamuffel dazu brachten, zur Kenntnis zu nehmen: Der Klimawandel ist da. Der Fernsehgärtner war offenbar noch nicht so weit.

Als gärtnerisches Über-Ich, so viel weiß ich jetzt, wünsche ich mir jemand, der oder die vor der Zeit von DDT und den chemischen Keulen geprägt worden ist, so wie meine Großmutter. Oder jemand, der spätestens ab 2018 anfing nachzudenken, ob es so weitergehen kann wie bisher.

Sind Garten-Bloggerinnen und -Blogger weiter? Nicht unbedingt. Ich klickte mich durch blumenreiche Bildergalerien, hübsch präsentierte Texte und fand, da war erstens alles nur wunderschön und wurde zweitens ziemlich viel gegossen. Auf einen Briten stieß ich, der mir nahe war: »frustratedgardener« nennt er sich. Er erzählt auch, was schiefgeht, was mir sehr sympathisch ist. Doch die Bilder, die ich bei ihm gesehen habe, sind eben doch wieder: schön.

Dinge zu zeigen, die nicht funktionieren: Man muss dazu offenbar Mut haben, so wie mein Lieblingsgärtner in seinem Buch »Hier wächst nichts«. Er hat einen scharfen und gern satirischen Blick auf die Wirklichkeit der deutschen Gärten. Aber er muss auch eine weiche Seite haben. Man merkt es in seinem Kapitel über »Gärtner Pötschke«.

Gärtner Pötschke? Ich kenne ihn seit vielen Jahren: als gezeichnete Gärtnerfigur mit Rauschebart auf einem Abreißkalender. Spätestens zu Weihnachten kam der neue, er hing früher bei der Familie des Mitgärtners an der Wand, Jahr für Jahr für Jahr.

Familie Pötschke existiert wirklich, und die Marke »Gärtner Pötschke«, die auf dem realen Familienunternehmensgründer Harry Pötschke basiert, war ihre. Nur meldete sie dann Insolvenz an, und das Unternehmen mit dem rauschebärtigen Maskottchen gehört ihr nicht mehr. Aber es existiert noch. Es gibt den Versandhandel und vor allem: den Kalender, mehr als 80 Jahre nachdem der erste erschien, er steht für Beständigkeit und Unabänderlichkeit. Man muss gereimte Gurken- oder Blumentipps verkraften, der Kalender ist voller kleiner Gedichte wie »Lilien blühn besonders schön, wenn sie in der Sonne stehn«.

Man erfährt, wann die Saatkartoffeln in die Erde gehören und dass Blumenkohl schön weiß bleibt, wenn man die Blätter über den Köpfen zusammenbindet. Und dass Gießen die Pflanzen verweichlicht: »Wer viel gießt, muss viel gießen!« Das wurde Gärtnerlehrlingen eingeschärft. Ich las das im Pötschke-Gartenkalender für das Jahr 2020, den bekam ich vor Kurzem geschenkt.

Das oberste Blatt war vom 6. Juli 2020. Es war nicht abgerissen worden, als erstes Blatt seit Jahrzehnten. Es war der Tag, an dem der Besitzer des Kalenders 91-jährig starb.

BS

HOFFNUNGSSCHIMMER GESUCHT
Verrückt nach Schneeglöckchen

Am 5. Januar entdeckte ich auf dem Weg zur U-Bahn unter einer Hecke die ersten Blumen des Jahres: Schneeglöckchen; klein, weiß und in Aufbruchsstimmung. Das Schneeglöckchen – botanisch Galanthus, abgeleitet vom griechischen gála für Milch und ánthos für Blüte – gehört zu den sogenannten phänologischen Zeigerpflanzen, sein Erblühen markiert für den Botaniker den Beginn des Vorfrühlings. Für alle anderen steht es für die berechtigte Hoffnung auf das Ende des Winters, ein Symbol für Durchhaltekraft. Es sieht auf den ersten Blick schlicht, fast unscheinbar aus, dabei steckt es voller Überraschungen – und hat Suchtpotenzial.

Im vergangenen Herbst habe ich sehr viele Zwiebeln gepflanzt, auch Schneeglöckchen waren dabei, aber wo die gelandet sind, weiß ich beim besten Willen nicht mehr. Nach der Erstsichtung der kleinen, weißen Blumen am Wegesrand wollte ich schummeln und ein paar vorgetriebene Exemplare für meinen Garten kaufen. Meine Internetrecherchen führten mich in die erstaunliche Welt der Galanthophilen, jener Menschen, die den zarten Pflanzen offenbar regelrecht verfallen sind.

Der Begriff scheint von dem englischen Gärtner E. A. Bowles (1865 bis 1954) erdacht worden zu sein, der seinen Freund Oliver Wyatt in einem Brief mit »geehrter Galanthophile« anredete. Die Liebhaber von Galanthus sind vor allem in Großbritannien vertreten, aber auch in den Niederlanden, Belgien und Deutschland leben Männer und Frauen, die fasziniert sind von der in Europa und Vorderasien heimischen Blume. Sie wird sorgfältig studiert, identifiziert, kultiviert und gesammelt. Manchmal gerät dieses Interesse außer Kontrolle und entwickelt sich zu einer Obsession, sodass von »Galanthomanie« gesprochen werden muss.

Dass man sich in dieser Beschäftigung verlieren kann, liegt auch an der schieren Masse und Vielfalt der Schneeglöckchen. Heute existieren mehr als 3.000 Sorten, die sich auf ungefähr 25 Wildformen zurückführen lassen, von denen einige aus der Türkei oder Griechenland stammen. Alle Wildformen stehen seit 1973 unter Artenschutz. Ab Mitte des 19. Jahrhunderts entfaltete sich eine betriebsame – und äußerst fruchtbare – Kultivierungsaktivität.

Auf dem Grundstück der Biologin, Autorin und Gartengestalterin Anne Repnow etwa gedeihen an die 400 Sorten, darunter 10 Wildarten. Die 63-Jährige lebt in Leimen und zögert nicht, sich zu outen: »Ja, ich bin galanthophil.« Repnow hat 2016 die Schneeglöckchentage im Mannheimer Luisenpark gegründet, bei denen Aussteller aus ganz Europa zusammenkommen. Gerade hat sie einen Bildband über ihre Lieblingspflanze veröffentlicht: »Some Snowdrops«.

Sie ist von Galanthus in allen Ausprägungen hauptsächlich aus zwei Gründen fasziniert, sagt sie: Sie können von Oktober bis März blühen – vorausgesetzt, man kultiviert die entsprechenden Sorten. Diese Leistung beeindruckt Repnow sehr, in dieser Zeit blühen in unseren Breitengraden nur wenige andere Pflanzen. Und: In ihrer Zartheit und Beharrlichkeit, mit der sie auch widrigen Umständen trotzen, wirken sie durch und durch positiv aufs Gemüt: »Sie berühren das Herz«, sagt Repnow.

Die widerstandsfähigen, der Vermehrung und Veränderung so aufgeschlossenen Zierpflanzen aus der Familie der Amaryllisgewächse sind nicht nur im übertragenen Sinne kostbar: Im Jahr 2014 hat ein Sammler auf einer Schneeglöckchen-Auktion für eine einzige Zwiebel 2500 Dollar bezahlt, berichtete der »Guardian«. Die Zeitung fragte damals, ob jetzt ein Run auf die Miniknöllchen einsetzen und eine Spekulationsblase entstehen würde, vergleichbar mit der während des sogenannten Tulpenfiebers von 1637.

Damals blickte die ganze Welt nach Amsterdam, wo Spekulanten Unsummen für Tulpenzwiebeln zahlten, bald völlig durchdrehten und so den ersten Supercrash der Börse provozierten. Bisher blieb es an der Schneeglöckchen-Spekulationsfront jedoch ruhig; ein ähnlicher Preisausreißer ist nicht bekannt. Professionelle Züchter wie der Brite Matt Bishop verlangen zwischen 10 und 120 Pfund für eine Zwiebel, die teuerste kostete in der vergangenen Saison 450 Pfund – die fünf Exemplare sind ausverkauft.

Mitte Januar stieß ich im Supermarkt um die Ecke auf Schneeglöckchen: Töpfe mit je zwei, drei Zwiebeln, Blattwerk und Blütenknospen – für 2,99 Euro. Laut Etikett handelt es sich um Galanthus nivalis, eine der am weitverbreitsten Sorten. Zwei habe ich gekauft, obwohl ich im

Hortensienbeet inzwischen erste grüne Spitzen entdeckt hatte.

Etwas verschämt berichtete ich der Expertin Repnow von meinem Ungeduldskauf – und erhielt überraschenden Zuspruch: »Das ist das Beste, was Sie machen konnten«, sagte sie. Die Massenzwiebelware im Gartencenter stamme oft aus illegaler Naturentnahme, erklärte Repnow. Wer statt der Zwiebeln im Herbst eine Pflanze im Frühjahr kaufe, könne sich sicherer sein, dass alles mit rechten Dingen zugeht.

Schneeglöckchenzwiebeln haben sehr dünne Haut, sie trocknen leicht aus, deshalb sollten sie besser im August oder September gepflanzt werden, damit sie nicht zu lange lagern; wer weiß also, ob meine Herbstpflanzung aufgehen wird. Der Standort meiner Neuzugänge ist jedenfalls so markant, dass ich nächstes Jahr noch weiß, wo ich suchen muss: Von meinem Schreibtisch aus kann ich jetzt ihre weißen Blütenglocken im Wind wippen sehen. **KS**

251

MEHR NATUR? MEHR KULTUR?
Was vom Schrebergärtner-Erbe übrig blieb

Wie machen die das bloß? In Gartenberichten sieht man manchmal gartenbesitzende Paare zwischen ihren üppigen, harmonisch wuchernden Gewächsen stehen. »Ach«, sagen sie, »vor fünf Jahren war das noch eine Kuhweide«, und nun grünt und blüht und knospt und strahlt es, und daneben strahlen die beiden in bescheidenem Stolz.

Bei uns ist das nicht so.

Wir haben den Garten jetzt seit sechs Jahren, und anfangs wussten wir nicht recht, was wir damit vorhatten. Ich habe große Teile der Kindheit im Schrebergarten verbracht, mein Mitgärtner wuchs auf einer produktionsorientierten Selbstversorgerplantage auf; so wollten wir es nicht. Aber was wollten wir? Wir entfernten dies und pflanzten das, insgesamt eher planlos, und es kann sein, dass in der frühen Phase sogar das hässliche Wort »pflegeleicht« fiel. Wir haben Fehler gemacht. Nicht nur, aber auch.

Der größte ist der mit dem Rasen.

Als würde mit Peitschenhieben oder mit Wühlmausplage nicht unter zehn Jahren bestraft, wer nicht den größten Teil der Fläche dem Gras überlässt, so haben auch wir als Erstes nachgesät. Weil der Rasen eben da war. Es wird unter Freizeitgärtnern befolgt wie ein Gesetz: Wer nicht ohnehin in Richtung Schottergarten abgedriftet ist, muss

Rasen haben. Die Gartenmitte muss grün sein, und drum herum, am Zaun entlang, wird ein bisschen Gebüsch mit Stauden gepflanzt. So gehört sich das.

Wir brauchen nicht so viel Gras. Wir spielen nicht Fußball, und ich wette, bei den meisten, die hauptsächlich Rasen haben, tut das auch niemand. Wir wollen keinen Golfrasen, es macht nichts, wenn da außer Wiesenrispe und Weidelgras auch Unkräuter wachsen, die man im Salat essen kann. Aber schön ist diese Fläche viele Monate im Jahr eigentlich nicht. Unser Rasen ist im Sommer trocken, weil wir ihn nicht wässern, und seit dem Spätherbst wieder voller kleiner Knubbel, voller zwetschgengroßer Erdhäufchen. Irgendein Tier hinterlässt sie, es hat sich uns noch nicht vorgestellt.

Nach zwei Jahren etwa kamen wir darauf, was wir brauchen: eine Wildwiese! Eine Wildwieseninsel wenigstens. Nur scheint eine Wildwiese ein noch schwierigeres Projekt zu sein als ein Golfrasen.

Es ist anders schwierig. Man muss erst mal alles Gras entfernen. Haben wir natürlich nicht getan. Man muss den Boden abmagern, die meisten Wiesenblumen mögen ja keine fette Erde. Haben wir auch versäumt, wir hatten keinen Sand. Die ausgesäten Wildwiesenblumen wuchsen trotzdem wunderbar im ersten Jahr, es war vieles dabei: Kornblume, Wiesenknopf, Ochsenzunge, Schafgarbe, Margeriten. Im zweiten Jahr: Schafgarbe, Ochsenzunge und Margeriten. Im dritten Jahr: Schafgarbe und Margeriten. Im vierten Jahr schenkten mir Freundinnen zum Geburtstag Wiesenblumen im Topf, aus der Staudengärtnerei. Es läuft besser seither mit der Wildwiese, aber noch nicht gut.

Wir müssen also von vorn anfangen mit dem Abmagern, dem gründlichen Rasenabtragen. Wir müssten. Vielleicht wird es aber einfach nur ein gemischtes Stauden-Wildwiesenbeet, in dem alles wächst, was will.

Fünf alte Obstbäume waren schwach, morsch und krank, als wir den Garten übernahmen, das fanden wir jedenfalls. Sie kamen weg, und wir haben neue gepflanzt, aber es dauert ganz schön lange, bis so ein Baumschulenpflänzchen etwas wird, zu dem man Baum sagen kann. Das weiß ich jetzt. Vielleicht hätten wir dem einen oder anderen von den alten doch noch eine Chance geben sollen?

Es ist ja immer der Kampf zweier Linien: Mehr Natur? Mehr Kultur? »Kultur!«, sagt das Schrebergärtnererbe. »Natur!«, sagt die Ökologie. Und die Faulheit, die sagt es auch. Und dann ist da noch Brecht im Hinterkopf, der sagt: »Ja, mach nur einen Plan! Sei nur ein großes Licht! Und mach dann noch 'nen zweiten Plan, gehn tun sie beide nicht.«

Wenn man unseren Garten jetzt anschaut, kann man sagen: Wir haben uns verändert. Wir versuchen, ruhiger zu bleiben und der Natur eher mal ihren Lauf zu lassen. Ich würde die Hängebuche heute nicht mehr brutal zusammenschneiden, wenn sie von Wollläusen besiedelt wird. Ich warte darauf, dass nach den Läusen ihre natürlichen Feinde kommen: Florfliegen, Marienkäfer. Ich versuche, mit gewissem Gleichmut die Schnecken abzusammeln, bevor die Zucchini völlig gefressen sind.

Die morsche Sauerkirsche darf bleiben, auch wenn es ihr nicht besonders gut geht, und wird dafür von Wildrosen berankt: »Rambling Rosie« und »Guirlande d'Amour« geht es gut dort.

Aber manchmal kommt doch der Schrebergärtner durch und will berücksichtigt werden. Der Mitgärtner schlich im Herbst dauernd so enttäuscht um den Vorgarten herum. Dann gab er's zu. Zwischen Rosen und Katzenminze hatte er Pflanzkartoffeln in der Erde versenkt. Einen Garten ohne Kartoffeln findet er sinnlos. Leider wurden sie nichts. **BS**

Jörg Pfenningschmidt *aus Hamburg, 60, Gartengestalter und Buchautor (**Hier wächst nichts**), über das Verhältnis zwischen Menschen und Grünzeug und das, was man heutzutage so Winter nennt*

»WENN PFLANZEN UM SICH SCHLAGEN KÖNNTEN ...«

Der Winter naht. Was heißt das für Sie als Gärtner, Herr Pfenningschmidt? Bücken. Blumenzwiebeln setzen. Tulpen, Narzissen, Allium, Krokus, gestern waren es 5.100 Stück, auf einem Golfplatz.

Sie allein? Ja.

Mit welchem Werkzeug? Mit einer kleinen Schaufel, ich habe sie seit 30 Jahren.

Die will ich auch. Wo gibt es die? Es gibt sie nicht mehr. Sie ist zu gut, sie hält zu lange. Es lohnt sich nicht, sie zu produzieren.

5.100 Zwiebeln! Bei einem Achtstundentag, mit 480 Minuten, sind das 10,6 Pflanzzwiebeln pro Minute. Ja, aber das geht schon. Bei den kleineren, Krokussen zum Beispiel, können Sie eine Handvoll nehmen und gemeinsam in ein größeres Loch werfen. Die drehen sich dann schon selbst richtig rum, sodass sie wachsen können. Anders würde ich das nie schaffen. Ich habe für diese Saison noch 148.000 Blumenzwiebeln im Keller.

Und die müssen alle vor dem Frost in die Erde.
Ja, aber was heißt das heute schon? Früher rechnete ich so: Ich muss fertig sein bis zum 1. Dezember, dann kommt der Schnee. Heute denkt man: Welcher Schnee? Das hat sich komplett verändert. Heute haben wir manchmal den 20. Dezember und sind noch bei der Gartenarbeit. Heute kommt der Winter im Februar, wenn überhaupt, oder schlimmstenfalls erst im März. Für die Pflanzen ist schon Frühling, dann kommen zwei Frostnächte, und alles ist kaputt.

Brauchen unsere Pflanzen den Winter? Ja, aber der Gärtner braucht ihn auch. Wenn draußen Schnee liegt: Herrlich. Niemand will etwas. Niemand ruft an und sagt: »Wann kommen Sie denn? Sie wollten mir doch zeigen, wie man die Stauden zurückschneidet.«

Sie gestalten fremden Menschen ihre Gärten. Was lernen Sie dabei – über Menschen?
Manchmal Dinge, die ich gar nicht lernen möchte. Eine Kollegin sagte neulich, sie möge es, wenn sie bei Kunden auch als Paartherapeutin tätig werden könne. Mir ist es lieber, wenn sie vor meinem Einsatz beim Therapeuten waren. »Der Herr Pfenningschmidt findet auch, dass der Baum zu groß ist.«

So fängt das Elend an. Dann weiß ich: Das ist ein alter Streit. Und ich muss sehen, wie ich da heil wieder rauskomme.

Was müssen Sie wissen über Ihre Kunden? Die wichtigste Frage ist: Stimmt deren Selbsteinschätzung? Können die das, was sie zu können glauben? Manche haben wirklich keine Ahnung und wissen es nicht.

Woran merken Sie es? Da findet man in deren Garten Pflanzenkombinationen – wenn Pflanzen um sich schlagen könnten, würden sie es tun. Trockenheitsliebenden Lavendel zusammen mit Sumpfpflanzen, solche Dinge haben die im Beet. Diesen Leuten muss man wirklich unempfindliche Gewächse geben. Die Schönaster zum Beispiel, die hat eine irre lange Blütezeit, verträgt Trockenheit, fällt nicht um. Bestimmte Storchschnabel-Arten auch, und Miscanthus, ein sehr robustes Gras.

Verweigern Sie manchmal einen Auftrag? Neulich waren wir in einem Garten voller Müll. Wir wussten sofort: Das wird nichts, das geht in die Hose. Wir sagten dem Mann: Wir kommen wieder, wenn aufgeräumt ist. Das wird nie passieren, also: Das war's. Eine Pflanze ist ein Lebewesen, und es gehört sich, dass man dafür ein Minimum an Verantwortung übernimmt. Ich setze Pflanzen nicht zum Sterben in einen Garten. Und es ärgert mich, wenn so ein Pflanzenquäler dann auch noch die Pflanze beschimpft. »Die funktioniert ja gar nicht«, heißt es dann.

Die achtsamen Gärtnerinnen gibt es doch sicher auch. Ja, die stehen da und kucken liebevoll, und gleich am Anfang sagen sie: »Denken Sie auch an die Bienen?« »Naturgarten« heißt das dann, was sie wollen, nur leider stellt sich mancher seinen Naturgarten in Norddeutschland wie eine Blühwiese am Kaiserstuhl vor, oder auf der Schwäbischen Alb. Das geht aber nicht. Es sind einfach andere Böden, da fehlt der Kalk. Manche Gartenbesitzer staunen sehr, wenn man ihnen erzählt, dass Pflanzen bestimmte Ansprüche an den Standort haben. »Aber wir haben seit 40 Jahren einen Garten«, sagen sie. Ja. Und 40 Jahre Erfahrung, wie man es falsch macht.

Gibt es dann Ärger mit denen? Wirklich lustig war ein Kunde, der mich verklagen wollte: Er hatte von seinem neuen Baum verlangt, dass der exakt an seinem Geburtstag blüht. Das tat er aber nicht.

Gibt es das: Männergärten? Frauengärten? Eigentlich nicht. Doch! Männer sammeln gern Pflanzen. Irgendeine Gattung, zum Beispiel Funkien oder Elfenblumen. Und neigen dann dazu, wirklich hässliche

Pflanzen in den Garten zu bringen, nur weil sonst die Sammlung nicht komplett wäre. Das würden Frauen erfreulicherweise nicht tun.

Was darf man auf keinen Fall tun, als Gartengestalter? Nach Lieblingsfarben fragen. Das heißt dann automatisch: Kein Gelb, kein Orange, kein Rot. Bitte nur Lila und Violett. Und man sollte nicht wissen wollen, was die Lieblingsblumen sind. Alle wollen immer Hortensien und Rosen.

Sie mögen keine Rosen? Ich mag Wildrosen. *Rosa rugosa* zum Beispiel, da gibt es unglaublich tolle Sorten mit wunderbarem Duft, und robust sind sie auch – kaum Mehltau, kaum Rosenrost oder Sternrußtau.

***Rosa rugosa.* Wenn ich Sie ließe, würden Sie dauernd nur lateinische Namen benutzen.** Das ist einfach so unter Profis, und unter manchen ernsthaften Amateuren auch – man gewöhnt sich daran. Und man weiß genau, wovon der andere redet.

Also gut. Ich habe Probleme mit *Aegopodium podagraria*. Was tun? Gleich starke Stauden dazupflanzen. Oder aufessen.

So viel Giersch kann ich gar nicht essen. Er blüht sehr schön. Bilden Sie sich einfach ein, Sie hätten ihn für teures Geld aus England importiert.

Das Interview führte Barbara Supp.

NACHWORT

von Jakob Augstein

Barbara Supp und Katharina Stegelmann durchleben in ihren Wurm-drin-Kolumnen die Höhen und Tiefen der Arbeit im Garten – vom Gemüseanbau über die Gefahren der Gartenmaschinen bis zur Freude über den Kollateralnutzen der Klimakatastrophe (nicht zu vergessen das schlechte Gewissen deswegen). Aber warum sollte das im Garten anders sein als sonst im Leben? Wir wollen das Klima retten – und dennoch in die Ferien fliegen. Mühsam ernährt sich das Eichhörnchen. Auch moralisch gesehen.

Der Garten ist eben in vielerlei Hinsicht ein Spiegel der Gesellschaft. Es ist darum folgerichtig, dass zwei Journalistinnen, die sich sonst mit Politik und Kultur befassen, sich um ihren Garten nicht nur kümmern, sondern auch über ihn schreiben. Wir übertreiben nur ein bisschen, wenn wir die These aufstellen: Wer sich mit Boris Johnson auskennt, muss keine Angst vor Nacktschnecken haben …

Überhaupt die Schnecken. Im göttlichen Plan haben sie zweifellos ihren Platz. Sonst gäbe es sie nicht. Im Garten sieht das anders aus. Da haben sie nicht nur keinen Platz, sondern sind ganz und gar nicht willkommen. Sonst gibt es ihn nämlich nicht, den Garten. Das ist nur eine milde Übertreibung für den grundlegenden Konflikt, in dem sich die Gärtnerin befindet. Die Interessen von Mensch und Schnecke sind beim besten ökologischen Willen nicht miteinander zu vereinbaren. Wenn es beispielsweise um die Funkie geht – wissenschaftlicher Name *Hosta*, unverzichtbare Gartenpflanze mit mindestens 22 Arten –, befinden sich Mensch und Schnecke in einem Nullsummenspiel: entweder das schleimige Ding oder meine *Sieboldiana Elegans*.

Zwischen Schnecke und Funkie besteht also ein Widerspruch. Allerdings handelt es sich da – um mit Mao und Marx zu reden – nur um einen Nebenwiderspruch. Der Hauptwiderspruch, mit dem Gärtnerinnen und Gärtner es zu tun haben – analog zu jenem zwischen Arbeit und Kapital –, ist jener zwischen Natur und Kultur. Der Garten gehört dem Bereich der Kultur an, die Schnecke dem der Natur. Man und frau sollten sich da von Anfang an keinen Illusionen hingeben. Wer der Natur wirklich freien Lauf lässt, verabschiedet sich von der Idee des Gartens.

Natürlich kann man versuchen, das Problem definitorisch zu lösen und die vernachlässigte schrubbelige Fläche, die dann hinter dem Haus übrig bleibt, noch »Garten« nennen. Aber im nächsten Frühjahr wird man dann sehen: Lügen blühen nicht.

Wir leben in der Ära der Klimakatastrophe. Es heißt, der Mensch müsse lernen, im Einklang mit der Natur zu leben. Nicht so einfach. Nicht mal als Gärtnerin.

Die meisten Pflanzen, die wir im Garten lieben und brauchen, fühlen sich leider im Einklang mit der Natur gar nicht so wohl. Der Garten will der Natur abgetrotzt werden. Das war immer sein Wesen. Es beginnt ganz buchstäblich damit, dass jeder Garten einen Zaun braucht. Es muss vielleicht nicht unbedingt ein Maschendraht- oder Jägerzaun sein, aber irgendeine Art von Grenze, die den Bereich der gärtnerischen Verantwortung markiert. Grenzenlos war, wie wir wissen, nicht einmal der älteste Garten der Welt: das Paradies.

Andererseits – apropos Bibel – hat der Mensch im Anthropozän den biblischen Auftrag, sich die Erde untertan zu machen, annähernd erfüllt. Wenn man so will, ist die ganze Welt jetzt sein Garten und will entsprechend gepflegt werden. Die Schöpfung ist jetzt seine Schöpfung.

Wer den Garten als Ort des Rückzugs zur Natur begreift, unterliegt also einem Missverständnis. Es gibt keine Natur mehr. Und der Garten ist kein Ort des Rückzugs. Im Gegenteil. Im Garten kann der Mensch die Verantwortung gegenüber seiner eigenen Schöpfung üben, aus der es für ihn ohnehin kein Entkommen mehr gibt.

Wem das zu anstrengend ist, der mag sich an das Motto von Vita Sackville-West und Harold Nicolson halten, welches wir einer »Wurm-drin«-Kolumne aus dem Winter 2020 entnehmen: »Lass uns pflanzen und glücklich sein, denn im nächsten Herbst sind wir vielleicht alle ruiniert.«

LESETIPPS

Elisabeth von Arnim: *»Elisabeth und ihr Garten«.*
Insel Verlag.
Ein über hundert Jahre alter Klassiker der Gartenliteratur,
der zeigt, wie aufmüpfig Frauen mit Gärten sein können.

Jakob Augstein: *»Die Tage des Gärtners. Vom Glück,
im Freien zu sein.«* Hanser Verlag.
*»Wir sind allesamt Ingenieure, und was wir für Natur
halten, entsteht in unserem Kopf.«* Darüber denkt er nach.
Aber er gräbt auch um und mag Frösche.

Karel Čapek: *»Das Jahr des Gärtners«.*
Mit Illustrationen von Josef Čapek. Aufbau Verlag.
Die Nöte und Freuden im Laufe des Jahres haben sich seit
Entstehen des Buches 1929 nicht wesentlich geändert,
sehr lustig – und tröstlich zugleich.

Karl Foerster: *»Es wird durchgeblüht: Thema mit
Variationen«.* Verlag Eugen Ulmer.
Zum Einstieg in die Welt des weltberühmten
Staudenprofessors, dessen Werk riesig ist.

Hermann Hesse: *»Freude am Garten. Betrachtungen,*
Gedichte und Fotografien.« Insel Verlag.
Lektüre für die Hängematte, gegen Abend, bei leichtem
Sommerwind.

Stefano Mancuso: *»Die unglaubliche Reise der Pflanzen«.*
Mit Illustrationen von Grisha Fisher. Klett-Cotta.
Der Beweis, dass sich fundierte Botanik und spannende
Unterhaltung nicht ausschließen.

Sibylla Merian: *»Der Raupen wunderbare Verwandelung*
und sonderbare Blumennahrung: Blüten, Raupen,
Schmetterlinge«. Favoritenpresse.
Eine prachtvolle Edition der erstmals 1679 und 1683
erschienenen handkolorierten Kupferstiche von Sibylla
Merian. Die Bilder dieser Pionierin der Insektenkunde
und Naturdarstellung machen süchtig, ihr Leben liest
sich wie ein Roman.

Gabriella Pape und Isabelle Van Groeningen:
»Gartenträume: Die schönsten Designideen und ihre
Umsetzung«. Dorling Kindersley Verlag.
Ein informatives Coffee Table Book, in dem Grund-
prinzipien der Gartengestaltung vorgestellt werden.

Jörg Pfenningschmidt, Jonas Reif: *»Hier wächst nichts. Notizen aus unseren Gärten.«* Ulmer Verlag.
Über Menschen und Pflanzen und den alltäglichen Wahnsinn – sehr schön schräg, aber eben auch lehrreich.

»Sissinghurst. Portrait eines Gartens. Vita Sackville-West & Harold Nicolson«. Zusammengestellt von Julia Bachstein. Schöffling.
Über einen der schönsten Gärten Englands ist viel geschrieben worden. Hier lernt man seine Erschaffer kennen, bewundern, beneiden. Achtung: Gefahr, heruntergekommene Herrenhäuser zu begehren.

John Seymour: *»Das neue Buch vom Leben auf dem Lande«.* DK Verlag.
Leicht bearbeitete Ausgabe eines Klassikers aus den 70er Jahren: Mit Warnhinweis, denn *»an manchem Umgang mit Tieren und Substanzen hat sich etwas geändert«.* Lohnend nicht nur für Menschen, die lernen wollen, mit der Sense zu mähen und Bier zu brauen.

Margot Spohn et. al.: *»Was blüht denn da? Kosmos-Naturführer. Das Original.«* Kosmos Verlag, 60. Auflage.
Hohler Lerchensporn, Kohl-Gänsedistel, Gewöhnliche Pestwurz, Roter Zahntrost – wunderbare Namen, alle hier zu finden samt Zeichnung und Bestimmungshilfe; zu dick und schwer für den Spaziergang, aber perfekt, um den eigenen Garten zu verstehen.

Reinhard Witt: *»Der Naturgarten«.* blv Verlag.
Eines von vielen Büchern des süddeutschen Natur-
gärtners; die Empfehlung gilt diesem, weil es so
Grundsätzliches klärt, falls es antiquarisch zu haben ist.
Aber andere vom selben Autor sind auch nicht schlecht.

Sie wollen die Erde retten? Lesen Sie dieses Buch!

Der Klimawandel schreitet voran. Die Insekten verschwinden. Und wir sind machtlos. Oder doch nicht? Dave Goulson zeigt, wie wir im eigenen Garten das Artensterben stoppen und zu Selbstversorgern werden können. Pestizidfrei und CO_2-neutral. Mit Katzenminze und Beinwell für die Bienen, mit Holunder- und Brombeersträuchern für die Vögel, mit Bohnen und Blumenkohl für uns selbst. Charmant leitet Goulson zur britischen Kunst des »Wildlife Gardening« an. Fangen Sie an zu buddeln ...

Dave Goulson
Wildlife Gardening
Die Kunst, im eigenen Garten die Welt zu retten

Aus dem Englischen von Elsbeth Ranke
Taschenbuch
www.ullstein.de

ullstein